히로시마 이야기

조선인 징용공, 그리고 원폭

히로시마 이야기 - 조선인 징용공, 그리고 원폭

초판 1쇄 발행 2013년 3월 25일

저자 | 허광무
펴낸이 | 윤관백
펴낸곳 | 선인
등록 | 제5-77호(1988.11.4)
주소 | 서울특별시 마포구 마포동 324-1 곳마루B/D 1층
전화 | 02)718-6252/6257
팩스 | 02)718-6253
이메일 | sunin72@chol.com

정가 | 15,000원

ISBN   978-89-5933-473-5 (세트)
       978-89-5933-611-1 94900

· 저자와의 협의에 의해 인지 생략.
· 잘못된 책은 책은 바꾸어 드립니다.

히로시마 이야기

조선인 징용공, 그리고 원폭

2005년 11월, 구름 많음.

쌀쌀한 초겨울 바람이 옷깃에 스미는 늦은 오전, 평택 공용버스터미널에 내려섰다. 사전에 지도에서 확인한 경로를 확인하며, 한적한 주택가를 지나 한국 원폭피해자 협회 평택지부 사무실로 걸음을 옮겼다. 손에 쥔 메모쪽지 대로 찾아가 보니, 해당주소지에는 자그마한 아파트가 늘어서 있었다. 지은 지 꽤 오랜 세월이 지난 것 같은데, 핑크색 페인트로 채색된 것이 애교스럽다. '한국 원폭피해자 협회 기호지부'라는 현판을 눈으로 읽으며, 외벽에 만들어진 계단을 타고 2층으로 올라갔다.

"계십니까?"

"전화한 그분인가요? 어여 들어와요. 여기 죄다 모여 있어요."

미리 이것저것 여쭤 보느라 전화통화를 여러 차례 한 덕분에 따로 설명이 필요 없었다. 지부장님의 손에 이끌려 안방?으로 보이는 사무실에 들어갔다. 백발이 성성한 어르신들이 방안 한가득 앉아 서로 이야기꽃을 피우고 계셨다. 갑자기 방에 들어선 나란 존재는, 아마도 그분들께는 이방인임에 틀림없을 터인데, 전혀 개의치 않고 하던 이야기에 열중이시다. 눈길조차 제대로 주지 않는 걸 보면, 정기적인 만남이지만 그 짧은 만남의 시간도 소중하신 게 틀림없다.

"여그 다, 미쓰비시 갔다 온 사람들이여. 정기적으로 우리가 모임을 갔는디, 이젠 살아있는 사람이 얼마 없어. 뭐 궁금한 거 있으면 물어봐."

그리하여 시작된 이야기는 인상 깊었던 장면과 장면으로 두서없이 이어지다, 얘깃거리를 잃은 할아버지들 한 사람 두 사람이 합세하면서 풍부해

지기 시작했다. 하지만 난감한 점도 있었다. 이야기 도중 자신의 기억과 어긋난 장면이 연출되면, 가차 없는 비판이 머리위로 오갔고, 나는 그 틈에 끼여 이러지도 저러지도 못하며 그저 서로의 대화를 번갈아 경청해야 했다. 그러면서 할아버지들의 흥분된 표정과 맑은 눈동자 속에서, 나는 불현 듯 60여 년의 긴 세월을 거슬러 올라간 20대 청년시절의 모습을 목격할 수가 있었다. 그건 내게 있어서 신선한 경험이었다.

가장 암울했던 시절에 혈기왕성한 청춘을 바쳐야 했던 할아버지. 그리고 원자폭탄이 작렬한 히로시마의 생지옥에서 구사일생으로 생환한 할아버지. 한국인 중에 원자폭탄 피폭자가 있다는, 어쩌면 누구에게는 다소 생소한, 아울러 당혹스러운 사실을 실제로 경험한 할아버지. 그분들의 단면을 조금이라도 이해할 수 있다면 하는 바람으로 찾아간 평택지부는, 이리하여 필자와 인연을 맺게 되었다. 그 후 강제동원-히로시마·나가사키-원자폭탄을 키워드로 한 구술청취는 평택을 벗어나, 전남, 광주, 대구, 부산, 합천, 산청, 강릉 등 전국으로 확대되어 수많은 만남으로 이어졌다.

이번에 기획된 '히로시마 이야기'는 주로 이때 들었던 미쓰비시 징용공 할아버지의 소중한 체험을 바탕으로 각색된 것이다. 이야기의 바탕이 되는 장면 장면들은 대개 사실에 근거한 것이며, 다만 등장인물들은 가공된 것임을 밝혀둔다. 이글을 통해 아시아·태평양전쟁시기 고난의 역사를 되새기는 기회가 되었으면 한다.

2013년 3월

허광무

미쓰비시(三菱)중공업 히로시마(廣島)조선소 조선인 징용공의 모습. 왼쪽 가슴 아래로 '응징사(應徵士)' 마크가 보이며, 미쓰비시 히로시마조선소라고 한자 표기된 완장이 선명하다.

I

홀로서기

여름 눈

태양을 보았다.

눈이 시리게 번쩍이는 태양을 보았다.

순간 본능적으로 손을 들어 눈을 가렸다.

그리고…

기억이 없다.

내 이름조차 기억할 수 없다.

강렬한 빛을 받아 수축된 동공으로 가물가물 움직이는 물체가 보인다.

아득히 먼 곳에서 내 이름을 부른다. 아니, 내 이름인 것 같다.

대답하려 해도 입이 떨어지지 않는다.

나는 안간힘을 다해 나를 부르는 그 물체를 잡으려 손을 뻗지만

생각뿐이다.

가만히 하늘을 응시하였다.

정확히는 내 의지와 무관하게 그저 바라보고 있었다.

헉, 하늘에 눈이 내린다.

분명, 지금은 여름인데, 그것도 소름이 끼칠 정도로 무더운 여름인데…

미친 여름, 하늘에 눈, 혼란스럽다.

나는 조금씩 손을 움직였다.

그 눈을 잡으려… 눈앞에서 아른거리는 흰 눈을 직접 만져보려고

팔을 뻗었다.

내 눈 앞으로 내 손이 아른거린다.

그런데…

허공에 대고 허우적거리는 손에 장갑이 반쯤 벗겨져 매달려 있다.

젠장, 장갑땜에 잘 잡히지 않잖아!

나는 다른 손을 뻗어 장갑을 떨쳐냈다.

그리고 다시 공중에 훨훨 날라 다니는 눈을 잡았다.

그 순간 갑자기 비명소리가 귓전을 때렸다.

내 생애 아직껏 들어본 적이 없었던 처절한 비명소리.

그건 사람의 소리가 아니었다.

도살장 앞에서 죽음을 거부하는 돼지의 자지러지는 외침.

문득 그런 소리가 아닐까 싶었다.

비명소리를 시작으로 아득하게만 들렸던 나를 부르던

목소리가 사라지고,

주체할 수 없는 수많은 소리,

온갖 소리들이 한꺼번에 귓속을 파고들었다.

다스케테!! 다레까 다스케테!!

나는 무수히 많은 소리들에 놀라 벌떡 상체를 일으켰다.

그리고 주위를 둘러보았다.

사방은 온통 희뿌연 먼지에 둘러싸여 제대로 볼 수가 없었다.

비명이 있었던 시내쪽을 바라보자 희한하게 생긴 구름기둥이

하늘과 맞닿아 있었다.

그리고 그 위에는 버섯처럼 넓적한 또 다른 구름이 이어졌다.

아득한 하늘 저편으로는 B-29의 웅~하는 엔진음이 희미하게 들려왔다.

눈앞에 팔랑팔랑 눈발이 흩날린다.

아참, 그렇지. 내가 저 눈을 잡으려 했지.

나는 다시 팔을 뻗어 팔랑거리는 눈발 속을 허우적거렸다.

옳지, 한 놈 잡았다.

그리고 손에 쥔 눈을 보기 위해 손바닥을 펼치는 순간,

나는 불현 듯 깨달았다.

손장갑을 낀 적이 없었던 사실을···

당진에서 태어나

　　　　　　　　　　　내 이름은 사이모토 미노루崔本 捻,
본래 이름은 최염崔念, 만 22세. 우리 나이로는 23세의 '응징사應徵士'이
다. '응징사'란 징용에 응한 산업전사를 의미한다. 일제가 전쟁수행을 위
해 제정한 '국가총동원법'1938년 4월과 '국민징용령'1939년에 의한 법적
동원이건만, 마치 자기 스스로 주체적으로 응한 모양새를 취하다니, 교
만하고 추악하다.

　나는 그런 세상에서 생을 얻었다. 나의 고향은 충남 당진. 나는 다정다
감한 목수의 장남으로 태어났다. 아버지는 돌아가신 할아버지로부터 물
려받은 논밭을 경작하다가 토지조사사업으로 모두 빼앗기고, 목수일을
하고 계셨다. 어머니는 당시 여성으로는 특이하게 보통학교에서 교편을
잡고 있었다.

　두 분이 어떻게 부부의 연을 맺게 되었는지는, 안타깝지만 알 수가 없
다. 내가 옹알이를 끝내고 띄엄띄엄 말을 하기 시작할 무렵, 어머니는 동
생을 낳다가 동생과 함께 세상을 떠났다. 이후 아버지는 가급적 어머니
에 대한 말을 아꼈다. 아마도 당신 스스로가 괴롭기 때문이기도 하겠지
만, 어머니를 그리워하는 나를 위한 배려에서였다고 생각한다. 하여 두
분의 사랑이야기는 끝내 전해들을 수가 없었다.

　아버지는 마을에서 성실하기로 소문이 자자했다. 이는 마을사람들로
부터 인정을 받았다는 의미이기도 하지만, 한편으로는 불편한 점도 있
었다. 아버지의 성실함이 사람들의 입을 거치면서 착한 사람, 순한 사람

으로 회자되더니, 그 바람에 자잘한 수리는 품삯을 받기가 궁해져 그냥 손봐주기가 예사가 되었기 때문이다. 그렇다보니 생활은 넉넉하지가 않았다. 물론 마을의 다른 이웃들도 생활이라고 해봤자 거의 도토리 키 재기 수준. 아마도 아버지는 그런 사정을 잘 이해하고 있기에 그랬던 것 같다.

어머니가 돌아가신 후 나는 아버지와 단 둘이서 생활하였다. 아버지가 일 나가고 없을 때는 옆집 개똥이네 신세를 지는 일이 많았다. 아버지가 마을의 대소사에도 늘 손발을 걷어붙이고 달려드는 일도 많아서 귀가가 늦는 때가 많았다. 그럴 때는 늘 개똥이네에서 자고 있다가 아버지가 귀가 후 나를 안아서 집으로 데려가곤 했다.

"이제 돌아왔슈? 일이 제법 많았는감유?"

"죄송합니다. 우리 애 땜에 만날 폐만 끼치구…"

잠결이지만, 반가운 아버지 목소리에 귀가 쫑긋하는 일도 있었다.

"우리야 뭘 했감유. 개똥이와 같이 놀구 하니 좋기만 한디… 근디 아무리 봐도 애 엄마가 있어야 할까 싶은디…"

"……"

분위기를 눈치 챈 개똥이 아버지가 쓸 데 없는 소리를 한다며 아줌마를 나무란다.

아버지가 부랴부랴 자리를 뜨자마자, 나는 아버지를 힘껏 껴안았다. 새엄마에 대한 거부의 의사표시였다.

"으응?"

"……"

아버지는 얼굴을 가까이 대며 내가 깨어났는지 확인했지만, 나는 감은 눈을 더욱 꼭 감고 모르는 체 했다.

"욘석이, 너 깨어났지? 아부지 팔 떨어지겠다. 언능 인나서 니가 걸어"

아버지는 땅에 내려놓을 것처럼 안고 있던 두 팔을 밑으로 축 늘어뜨렸다. 그러면 나는 떨어지지 않으려고 쥔 팔에 더욱 힘을 주었다. 그 꼴이 우스웠던지 아버지가 껄껄 웃으며 간지럼을 태웠다.

"푸하하하"

참았던 웃음이 주체를 못하고 튀어나오면 품속에서 파닥파닥 거리는 나를 고쳐 안고서 헹가래를 쳐 주었다. 잠은 완전히 깨었다.

"봐라, 이 녀석. 다 깨어 있었다는 걸 알고 있었지."

"아버지, 새 엄마는 싫어."

"새 엄마라니? 그럴 리 없어. 염이 엄마는 한 사람 뿐이야."

나는 다짐을 받고 나서야 안심하고 다시 잠이 들었다.

아버지가 가사家事도 해가며 생활하다 보니 불편한 점도 적지 않았다. 그 중 대표적인 것이 밥이었다. 아버지는 늘 밥을 태웠다. 두 사람 식사 분이다 보니 커다란 가마솥에 할 필요는 없는 데도 아버지는 가마솥을 고집하였다. 그 이유가 지금도 수수께끼다. 아무튼 아무래도 좋았다, 온전한 밥을 먹을 수만 있다면. 그런데, 거의 습관처럼 밥을 앉혀놓고는 항상 깜빡하신다. 솥에서 타는 냄새가 소록소록 나서야 비로소 기억을 회복하시고 허둥지둥 뚜껑을 열지만 이미 늦었다. 그렇지만 나는 투정 한

번 하지 않았고, 아버지는 그걸 늘 칭찬하셨다. 지금 생각해 보니, 아버지의 칭찬 때문에 불평을 말하지 않았나 보다.

나는 7살이 지나서도 요에다 '실례'를 하는 경우가 종종 있었다. 그래도 아버지는 화 한번 내신 적이 없다. 오히려 무서운 꿈이라도 꿨냐며 다독이며 아들을 걱정해 주셨다. 그래서 나는 그게 크게 잘못이라는 걸 느끼지 못했다. 옆집 개똥이가 요에 오줌을 쌌다며 아줌마가 '키'를 씌우고 바가지를 쥐어주며 소금을 얻어 오게 동네로 내쫓는 걸 볼 때까지는. 개똥이가 동네 골목에서 "얼레꼴레리~ 오줌싸배기~"라는 아이들의 놀림을 한 몸으로 받은 건 물론이다.

그런데, 문제는 흔건하게 젖은 요를 마당에 널어놓는다는 게 애꿎은 이불을 널고 나가시거나, 제대로 요를 널어놓고 가더라도 정작 당신의 아들 옷은 젖은 채로 잊어버린다는 것이다. 하는 수 없이 내가 알아서 갈아입을 수밖에 없었는데, 손에 닿는 대로 입다보니 위아래가 엉망인 경우가 많았다. 개똥이 엄마가 그런 꼴을 보고 그냥 넘어가지 않는다는 게 문제였다. 덕분에 제대로 망신살이 뻗친 적이 있었다. "야도 개똥이마냥 키를 써야 되겠구만."

그렇지만 그것 외에는 비교적 잘 지낸 편이었다. 항상 일찍 일어나서 집 안팎을 깨끗하게 정리하셨고, 옷가지도 항상 청결하게 관리하셨다. 집안 구석구석까지 손닿지 않는 곳이 없게 하여, 남자끼리 사는 집이라서 엉망이라는 '오명'을 듣지 않으려고 무척 애를 쓰셨다.

덕분에 여자내게는 새엄마가 들어와야 한다는 주위사람의 '간섭'을 피할 수가 있었다. 그건 분명 어머니와 나에 대한 아버지의 특별한 배려였다.

보물 두 가지

아버지는 손재주가 제법 좋았다.

집에서 쓰는 가구나 밥상, 심지어 내가 갖고 놀던 장난감도 모두 아버지가 손수 만들어 준 것이었다. 나는 특히 팽이와 고무총을 무척 좋아하였다. 보통 마을 아이들은 여름철이 되면 냇가에서 고기잡이나 모래성 쌓기를 하고, 메뚜기, 여치, 개구리 등 채집놀이에 심취하며, 겨울이면 연날리기나 팽이놀이, 잣치기 등을 하는 등 계절별로 놀이가 바뀌었다. 그런데 나는 사계절 변함없이 팽이 돌리기에 몰두한 적이 있었다. 아마도 아버지가 만들어준 팽이를 늘 자랑하고픈 마음에서였던 것 같았다. 한편 재미도 있었다. 거의 쓰러질 듯 쓰러질 듯 큰 원을 그리며 옆으로 기우뚱거리다가도, 팽이줄로 사정없이 후려치면 이내 꼿꼿하게 살아나는 모습이 즐거웠다. 어린 나이지만, 사람도 팽이와 같다고 생각했다.

단점도 있었다. 실속하는 팽이를 되살리기 위해 채찍질을 하다보면 사방이 흙먼지로 자욱해 진다. 한번은 여름나절 싸리문 앞에서 신나게 팽이를 돌리고 있었는데, 흙먼지와 땀이 뒤범벅이 되어 얼굴이 꼬질꼬질해 져 있었다. 그 모습을 지나던 동네어른이 보고, 배꼽을 잡으며 박장대소했다.

"염아! 이 무더위 뙤약볕에 그게 그리도 재밌나? 콜록, 콜록"

“헤에~”

나는 멋쩍기도 하고, 답변이 궁색하기도 하여 입을 벌린 채 희죽 웃어 보였다. 햇볕에 까맣게 그을린 얼굴에 먼지와 땀이 범벅이 되어 하얀 이빨만 반짝거렸다.

동네어른은 내 머리를 가볍게 쓰다듬더니, “어허, 고 녀석. 어허, 참”하며 손으로 흙먼지를 헤치며 가던 길을 도로 재촉하였다.

다른 아이들은 모두 개울에서 멱을 감거나 채로 고기를 잡거나 하며 물놀이 삼매경에 빠지는데, 한여름에 팽이라니. 돌이켜 보면 내가 생각해도 이상하다.

허나, 역시 무엇보다도 아버지의 팽이라는 것을 동네 아이들에게 자랑하고픈 마음에서였던 것 같다.

그러던 어느 날, 팽이 돌리기에 지쳐 앉아 있다가 문득, ‘이 무더위에 모두 개울가에 있는데, 굳이 나 혼자, 여기서 이걸 계속 돌려야 하나?’ 하는 생각이 들었다. 그러자 갑자기 팽이 돌리기가 싱거워졌다. 역시 보는 이가 없으니, 자랑하고자 해도 도리가 없고, 저절로 흥미가 떨어진 모양이다.

그 후 나는, 팽이 돌리기는 날이 선선해지기 시작한 무렵부터 하기로 하고 팽이채와 함께 내 보물상자에 보관해 두었다.

대신 내 바지 허리춤에는 아버지의 고무줄 새총이 자리를 잡았다. 새총이니까 이름에 맞게 새를 잡아야겠지만, 나이 어린 꼬마에게 잡혀줄 새가 있을 리 만무하다. 또한 새총으로 새를 잡는 모습을, 이 나이를 먹을 때까지 본 적도 없다. 새총은 이름뿐이고, 나도 그런 마음으로 그냥 멋으로 허리춤에 꽂고 있었던 것이다.

그런데, 그 새총으로 새를 잡은 적이 딱 한 번 있었다. 그래도 명색이 '새총'인데, 그냥 바지춤에만 있게 할 수 없어서 날을 잡아 새를 잡아보기로 결심한 것이다.

우리 집 안마당에는 대파나 상추, 고추, 가지 등이 꽃밭처럼 가꿔져 있었으며, 싸리문 입구 쪽에는 제법 큰 대추나무 한 그루가 가지를 하늘을 향해 높이 쳐들고 서 있었다. 인기척이 뜸한 때에는 그 채소밭에 참새가 떼를 지어 날아오곤 하였다.

새총을 손에 쥐고 생각났던 것이 바로 그 참새 떼였다. 얼핏 어른들이 참새구이가 참으로 맛있다고 말하던 것도 기억났다. 타깃은 참새로 결정되었다. 이제 행동으로 옮기기만 하면 된다.

아버지가 일을 하러 집을 나간 후, 나는 곧장 대추나무 밑동으로 달려갔다. 그리고 대추나무와 한 몸이 되어 쭈그려 앉았다. 되도록 눈에 띄지 않게. 그 후 쭉 예의 채소밭을 노려보았다. 참새 떼가 즐겨 오는 곳이라서 예상이 빗나갈 일이 없었다. 그러나 신기하게도 내가 지켜보기 시작한 날부터 참새들이 날아오지 않았다. 귀신이 곡할 노릇이었다. 포기하고 나무 밑동에서 나와 툇마루에 걸터앉아 있노라면, 그제야 날라 오는 것 아닌가. 부아가 난 나는 모아둔 공깃돌을 전부 하늘로 쏘아 버렸다.

그런 일이 한 보름은 계속되었다. 그 사이 무작정 기다리는 것이 아니라 매일같이 날아오는 시간대를 체크해 보기도 하고, 채소밭에 슬쩍 나락도 흩뿌려 놓아 유인을 시도하기도 하였다.

그러던 어느 날, 한 무리의 참새 떼가 채소밭으로 날아들었다. 나는 잽싸게 그러나 매우 조심스럽게 한손에 새총을 들고 조심조심 대추나무 뒤로 몸을 숨겼다. 나무 밑동에는 만약에 대비하여 준비해 둔 공깃돌 총알이 한 줌 쌓여 있었다.

나는 그 중 하나를 새총에 재어 넣고 상추 사이에 날아든 참새 떼를 향해 고무줄을 당겼다. 후드득 하며 깜짝 놀란 몇 마리가 하늘 위로 날아올랐다.

'앗, 실패'

또다시 기회를 놓쳤다고 생각하던 찰나, 한 마리가 꾸벅거리며 모이를 쪼는 모습이 눈에 들어왔다.

'호오, 너는 인제 내꺼야'

나는 신중하게 과녁을 조준했다. 이윽고 새총을 떠난 작은 공깃돌이 얕은 포물선을 그리며 참새를 향했다.

'퍽'

아주 작은 울림과 함께 참새는 단 한번의 날갯짓도 없이 그 자리에 무너졌다.

그런데 정말 이상했다. 그 장면을 하나도 놓치지 않고 지켜보았는데, 기쁘기는커녕 참새에 돌이 맞는 순간, 오히려 가슴이 덜컥 내려앉았다. 동실동실해 보이던 참새를 손에 쥐어보니 너무나도 작았다. 초라했다. 나는 가엾은 작은 생명에 대해 내가 한 짓을 후회하고, 체온을 점점 잃어가는 참새를 묻기로 하였다.

그 후 새총으로 새를 잡는 일은 더 이상 없었으며, 새총은 아버지의 애정을 상징하는 표상으로 기능할 뿐, 내 허리춤을 두 번 다시 떠나는 일은 없었다.

슬픈 이별

아버지의 비보悲報를 듣게 된 것은 아침부터 차가운 가을비가 부슬부슬 내리던 10월의 어느 날이었다. 그날따라 서늘하고 습한 공기가 온몸을 무겁게 짓누르고 있어, 나는 쉽사리 이불에서 나오지 못하고 있었다.

'몇 시나 된 것일까?'

잠을 청하려 해도 허기짐에 눈이 떠지는 걸 보면, 아침나절을 지난 지꽤 오래된 듯한 느낌이다. 그러나, 방안이 온통 어두컴컴하여 몇 시인지통 감을 잡을 수가 없다.

'작업이 밤늦은 시각까지 이어질지 모르니 먼저 자거라. 새벽이라도 일이 끝나는 대로 곧장 올게'

아버지는 지난달부터 읍내에서 일을 하기 시작했다. 마을에서는 일감을 찾기가 쉽지 않았다. 어른들이 주고받는 이야기를 대충 들어보면, 일본놈들이 우리 마을 논이고 밭이고 웬만한 땅이란 땅은 몽땅 빼앗아 가는 바람에 살 길이 막막하다는 것이다. 땅 주인은 졸지에 무일푼의 노동자로 전락하여 일본인 새 주인의 머슴이 되지 않는 한, 대대로 이어진 농사일을 할 수가 없었다. 그리하여 고향을 등지고 도회지로 떠난 사람들도 하나 둘이 아니다.

아버지는 추석명절에 쌀이라도 팔고 탕국이라도 끓여 먹으려면 다른 일감을 찾아야 한다고 했다. 그리하여 선택한 읍내행이다. 무슨 건물을 짓는 공사인데 아버지의 도움이 필요하다고 하셨다. 읍내에서는 가장 높은 5층짜리 건물이라는 자랑도 잊지 않으셨다.

"내가 가야 일이 시작되거든, 그래서 일찍 나서야 하니까 아침에 일어나면 염이가 밥을 차려 먹으렴."

읍내까지는 20리길.

아버지는 새벽닭도 아직 울지 않은 컴컴한 시간대에 일어나 떠날 차비를 했다. 집을 나서기 전에 반드시 부엌에 들어가 아궁이 속 불씨 상태를 살펴본 후, 내가 먹을 수 있도록 가마솥 곁에 아침상을 차려 두었다.

어제는 아예 집에 돌아오지 못하신 것 같다. 아궁이 불도 잔 불씨만 남은 모양인지, 아랫목이 그다지 따뜻하지 않다.

나는 거북이목을 하고 이불속에서 얼굴만 내민 채, 장지문을 살짝 밀어보았다. 차가운 기운이 순식간에 방안으로 밀려들어온다.

"아이, 추워"

마당에는 여기저기 물웅덩이가 생겨났다.

비를 잔뜩 머금은 먹구름이 낮게 깔려 있다. 어둡다. 다시 밤이 찾아올 기세다. 기분도 어두워졌다. 비올 적의 싸늘한 분위기는 질색이지만, 나는 비가 만들어내는 선명한 색상을 좋아했다. 잿빛을 뚫고 나오는 초록빛, 분홍빛을 잠시 감상하다, 아궁이 불씨를 확인하려 이불에서 나왔다. 전신에 소름이 돋는다.

부엌으로 이어지는 툇마루를 막 지나려는 순간, 누가 철퍽철퍽 급한 발걸음으로 싸리문안으로 들어왔다. 도롱이를 뒤집어 쓴 개똥이 아버지다.

"염아, 염아!"

다급하게 부르는 목소리가 가늘게 흔들린다.

"염아, 어여 옷 입어! 내랑 갈 곳이 있구만"

아저씨는 얼굴로 뚝 뚝 떨어지는 빗방울을 쓸어내며 말했다.

"네? 갑자기 어딜?"

"응, 갈 데가 있어. 잠자코 얼릉 채비하고 나와"

두리번두리번 내 신발을 찾아 디딤돌에 얹으며 말했다.

나는 주섬주섬 옷가지를 챙겨 입고 아저씨의 뒤를 따랐다. 개똥이네 집에는 여러 사람들이 와 있었다. 구장님, 장로 어르신, 그리고 낯선 어른들 수 명.

개똥이 어머니가 나를 보자마자 눈물을 글썽이며 와락 끌어안았다. 순간, 나는 뭔가 매우 잘못 되고 있음을 직감하였다.

"아이구, 이 어린것이… 불쌍해서 어떠캬"

아줌마는 '아이고'를 연신하며 내 등을 토닥거렸다.

"… 됐고. 인자 상주를 델고 왔으니 어여 준비를 하자고요"

아저씨가 아줌마에게서 나를 떼어 놓으며 입을 열었다.

"그랴, 그러자고. 여근 깨똥이네에게 맡겨두고 우린 어여 가서 차질없이, 정중하게 잘 모시고 오자고."

구장님이 한마디 거들고는 도롱이를 뒤집어쓰고 종종걸음으로 싸리문을 나섰다. 그 뒤를 낯선 남자들이 서둘렀다.

장례를 치루는 3일 내내 비가 추적추적 대지를 적셨다. 나는 상주가 되어 조문을 받았지만, 뭐가 뭔지 몰랐다. 나는 그저 어른들이 슬픈 표정으로 다녀가시는 걸 가만히 지켜보는 걸로 소임을 다했다.

낮에는 주름 하나 없이 깔끔한 양복을 입은 중년신사가 자동차를 타고 다녀갔다. 구장님이 물웅덩이를 첨벙첨벙 밟으며 부리나케 마중을 나서는 걸 보니, 예사로운 사람이 아니다 싶었다. 신사는 아버지 영전에 두 손을 모아 고개를 숙이더니, 내게로 다가와 내 머리를 어루만졌다. 뒤에서 구장님이 일본말로 뭐라 하신다. 신사가 고개를 끄덕끄덕. 아버지가 사고를 당한 건물과 관련이 있는 사람처럼 보였다.

경기도에 사신다는 외삼촌이라는 사람도 내려왔다. 그리고 내 어릴 적 기억 속에 희미하게 남아있는 어머니와 아주 닮은 할머니 한 분도 내려왔다.

할머니는 나를 품에 꼭 끌어안고 등을 토닥거리며 의미 모를 말을 중얼거렸다. 할머니의 품은 따뜻하고 포근했다.

"이 집은 이제 어떡할까요? 아무래도 처분해야 할 듯 싶은데…"

"내가 알아 보쥬. 근디 처분이 될란지 모르건네유. 이젠 농사 지러 오는 사람도 없고…"

개똥이 아저씨의 목소리에 나는 눈이 떠졌다. 할머니 품에서 잠이 들었던 모양이다. 나는 방안 한구석에서 이불을 덮고 누워 있었다. 아저씨는 외삼촌이라는 사람과 이야기 하고 있었다.

고개를 살며시 들어 주위를 돌아보았으나 할머니의 모습은 보이지 않았다. 나는 도로 자리에 누워 눈을 지그시 감았다. 상을 치루는 동안 수많은 사람들이 방문을 하였다. 아마 내 생애 가장 많은 사람들을 만났던 것 같았고, 그 만남으로 나는 충분히 피곤했다. 그렇지만 모두 아버지와 작별인사를 하기 위해 찾아온 것임을 충분히 알기에 나는 피곤함을 참았다. 적어도 외할머니가 안아주기 전까지는 말이다.

"세상에 근데 어찌 그런 일이 있을 수 있을까요? 하필 염이네 한테?"

"그러게유. 그래도 염이 아빠 땜시 사람 목숨 하나 건졌는디, 알고 보면 (목숨을) 맞바꾼 셈이 됐구만유…"

두 사람의 대화를 자리에 누운 채 가만히 듣고 있다가, 대강 정리를 해보니 이런 것이었다. 아버지는 읍내에서 건축 중인 5층 건물의 목수일을 담당하였다. 문이나 창틀, 계단 손잡이 등, 아버지가 평소 하시던 익숙한 작업이었다. 그러던 지난 날, 건축주인 일본인 사장이 현장을 방문할 예정이어서 당초 계획보다 늦어진 공기工期를 맞추며 작업을 하던 중이었다.

일본인 사장은 사고가 있던 날 밤, 다섯 살 짜리 딸을 동반하여 비가 내리기 시작하던 현장을 방문하였다. 현장을 둘러보던 중, 사장은 딸이 사라진 것을 알았다. 모두가 설명에 집중하던 사이 홀연히 사라진 것이었다.

공사장 직원들과 건물 구석구석을 샅샅이 찾아보았다.

소녀는 건물 최상층인 5층 난간에서 발견되었다. 길 잃은 어린 고양이를 쫓다가 건물 5층까지 올라갔던 모양이다. 사람들이 소녀에게로 다가갈 때 사고가 일어났다. 소녀는 마침 고양이 새끼를 품에 안고 일어서던 참이었다. 그런데 딛고 일어서던 한쪽 발이 쌓아둔 건축자재를 밟자 빗물에 미끄러져 몸의 중심을 잃었다. 소녀는 반사적으로 다른 한 손을 뻗어 몸의 중심을 잡으려 하였다. 그 손이 난간을 잡던 순간, 난간은 소녀와 함께 힘없이 무너져 내렸다. 그 때 소녀의 손목을 잡은 또 다른 손이 있었다. 아버지였다.

아버지와 소녀는 쌓아놓은 목재더미 위로 떨어졌다. 아버지는 소녀를 감싸안고 있었다. 둘은 곧바로 병원에 옮겨졌고, 소녀는 잠시 후 정신을 되찾았다. 그러나 아버지는 척추와 내장이 파열되어 옮겨진 뒤 1시간만에 숨을 거두었다.

"그 현장감독 말에 의하면…, 아, 글쎄 의식이 없는 와중에도 염이를 애타게 부르더라고 하더만유. 눈에 한가득… 눈물을 글썽이며… 아휴~ 참말로… 염이를 부탁한다고 하려 했나봐유"

개똥이 아저씨는 간간히 한숨을 섞어가며 말을 끝마치자, 소맷자락으로 눈가를 훔쳤다.

어느 샌가 나도 모르게 흘러내린 눈물로 베개가 흥건히 젖어 있었다. 이후에도 주체할 수 없을 정도로 많은 눈물이 내 의지와는 무관하게 흘러내렸다. 10살이 되던 해 나는, 그렇게 아버지와 이별을 하였다.

여주에서의 새 생활

상을 치루고 나서도 나 혼자가 되었다는 실감이 전혀 들지가 않았다. 어두컴컴한 부엌에 들어가면 불 쑤시개로 아궁이불을 이리저리 뒤적이는 아버지의 모습이 보일 것만 같았다. 방문 옆에 걸려있는 밀짚모자도, 아버지가 손수 만든 밥상도, 아침마다 마당을 쓸던 싸리비도, 심지어 아버지의 숟가락도 모두 제자리이건만, 정작 주인은 없었다.

이제부터 어찌해야 좋을지 막막했다. 아버지의 빈자리가 너무 커서, 여기가 내 집이건만 아버지 없는 지금은 너무나도 낯설었다. 나는 안방으로 연결되는 툇마루에 걸터앉아 양손을 무릎위에 가지런히 놓았다. 그리고 멍한 시선으로 엄지손가락을 꼼지락거리며 만지고 있었다.

"우리 강아지, 거서 뭐해?"

"……"

외할머니가 수건으로 치마를 탁탁 털면서 부엌에서 나오셨다. 외할머니의 눈가에 피로가 몰려 있었다. 하지만 나를 부를 때의 얼굴에는 사랑이 가득했다.

"이 할미가, 염이가 이렇게 클 때까지 통 모르고 있었네?"

외할머니는 내 옆에 앉아 내 어깨를 부드럽게 끌어안았다. 나는 말없이 외할머니의 옆얼굴을 살짝 바라보고는 고개를 떨구었다. 부끄러웠다.

"염아, 인제 이 할미랑 같이 살까? 니가 벌써 10살이나 되었다고 하니 학교에도 가고 해야지?"

'정말요?'

입으로 말은 하지 않았지만, 학교라는 말에 두 귀가 쫑긋했다.

우리 마을에는 학교가 없었다. 읍내에 보통학교가 하나 있지만, 편도 20리길의 통학을 도저히 감당해 낼 수가 없었다. 그래서 대신 재 너머 건넛마을 서당으로 글공부를 하러 다녔다. 고작 서당 글공부가 전부였 던 나에게 보통학교라니, 그건 꿈같은 이야기였다.

외할머니의 채근에 방에 들어가 가져가야 할 물건이 무엇일까 둘러보 았다.

챙겨야 할 짐이 벼락 없었다. 쓸 만한 옷가지 몇 개를 주섬주섬 담은 게 한 보따리. 그것뿐이다. 보따리를 들고 나오자, 외할머니가 빙그레 웃는 다.

"짐이 단출해서 좋구나. 먼 길을 가야하는데 딱이다."

신을 신고 마당에 나선 나는, 태어나고 자란 정겨운 집을 한 바퀴 둘러 보았다. 언제 다시 돌아올 날이 있을는지. 문득 영영 돌아올 수 없을 것 같다는 생각이 들었다.

부엌이든 방문이든 꼭꼭 걸어 잠근 걸 확인하고 있자니, 옆집 개똥이와 아저씨, 아주머니가 찾아왔다.

"아이구, 이제 가버리는 갑네유."

"염아, 너희 집은 걱정 말고 가서 공부 잘 하고 할머니, 외삼촌 말씀 잘
듣고, 잘 혀."

아저씨가 내 머리와 어깨를 차례로 어루만지며 인사말을 건넸다. 그 뒤
로 나보다 한 살 위의 개똥이가 멋쩍게 서 있었다. 나는 보따리에서 아버
지의 팽이를 꺼내 들었다.

"자, 이거 받아."

"……"

개똥이에게 내가 아끼는 팽이를 선뜻 건넸다. 개똥이도 그걸 잘 알기에
히죽 웃으며 넙죽 받아들었다. "개똥아, 너 오늘 운 좋네 그랴"하며 개똥
이 아버지가 넉살을 떨었다.

마침 외삼촌이 미간에 주름을 잡으며 싸리문을 들어서고 있었다.

"아이 참, 매형은 무슨 성자라도 됐었나. 여기저기 일은 많이 했으면서
영양가는 하나도 없네. 뭘 정산할 게 있어야지, 원. 읍내 그 공사현장에
서 일한 품삯하고 위로금만 겨우 정산하고 왔네…."

외삼촌은 마당에 있던 사람들과는 눈도 마주치지 않고, 툇마루에 털
썩 주저앉으면서 혼잣말로 투덜거렸다. 나는 그 말이 정확하게 무슨 뜻
인지는 몰랐지만, 아버지를 흉보는 것임에는 틀림없다는 생각에 기분이
상했다.

외할머니는 외삼촌의 그런 언행이 부끄러웠던지 개똥이네 식구들의

눈치를 살폈다.

"저, 그럼 염이 할머니, 채비가 끝나시면 말씀하셔유. 저 읍내까지 모셔다 드릴께유"

아저씨는 꾸벅 인사를 하고, 아주머니를 툭 치며 돌아가자는 시늉을 하였다. 아주머니와 개똥이도 가볍게 인사를 하고 돌아섰다. 개똥이가 손을 들어 내게 잘 가라는 손짓을 보내왔다.

아저씨네가 돌아가자, 외삼촌은 툇마루에 벌렁 누웠다. 가을볕이 적당하게 마루바닥을 데워놓고 있어서 기분이 좋았다. 나무에서 나는 독특한 향기도 마음을 편안하게 해 준다.

"이그 이 녀석아, 사람들 앞에서 꼭 그런 말을 해야겠니? 염이도 있는데…."

"아이, 어머니는 참. 내가 어디 못할 말을 했어요? 이젠 염이도 데려가 살 거구 하니까, 경비로 쓸 만한 것들은 당연히 챙겨 가야죠. 맘만 같았으면, 이 집도 처분하고 갔으면 좋겠구만."

외할머니가 외삼촌의 행동을 나무라자, 외삼촌은 자리에서 벌떡 일어나 앉으며 대꾸했다. 할머니가 "으이그, 으이그"하며, 외삼촌의 어깨를 때리는 척 했다.

"해 떨어지기 전에 서둘러야 해. 어여 일어나자."

할머니의 다그침에 외삼촌은 누웠던 자리를 아쉬운 듯 손바닥으로 쓸고는 자리에서 일어섰다.

나는 싸리문을 나서면서 다시 한번 집을 돌아보았다. 하나도 빠짐없이 머릿속에 기억을 남기려고, 그림 그리듯이 왼쪽에서 오른쪽으로 천천히.

읍내까지는 개똥이 아저씨가 소달구지를 태워 주셨다.

외할머니는 읍내로 향하는 동안 한마디도 하지 않고, 지나치는 풍경을 바라보았다. 삼촌은 양복 안쪽 주머니에서 담뱃잎을 꺼내 종이 위에 놓더니, 혀를 내밀어 침을 휘익 묻힌 뒤 돌돌 말았다. 그리고 성냥을 꺼내 탁탁 댕겨 불이 켜지자, 바람에 꺼질세라 양손으로 조심스럽게 감싸 쥐며 입에 가까이 댔다. 그 일련의 동작이 어찌나 능숙했던지 나는 잠시 넋이 나간 채 뻐끔뻐끔 피어오르는 담배연기를 바라보았다.

나는 뒷자리에 걸터앉아 달구지가 전달하는 진동에 맞춰 두 다리를 달랑달랑 거렸다. 가끔 두 다리 사이로 소똥이 흘러갔다.

여주까지는 참으로 긴 여행이었다. 처음으로 당진의 고향마을을 떠난 것이지만, 여주가 조선땅인가 싶을 정도로 한참을 이동했다.

외삼촌 댁에 도착한 것은 이튿날 저녁무렵이 되어서였다.

외삼촌 집은 'ㅁ'자형의 기와집이었다.

대문을 들어서자, 외숙모가 반가운 표정으로 맞아주었다. 외사촌 남매가 나를 보더니 당혹스러운 표정으로 엄마 뒤에 숨었다. 사내아이가 8살, 계집아이가 6살. 나는 너무 고단하여 빨리 자리에 눕고 싶었다. 오랜 여정도 그렇지만 낯선 지리와 환경이 나로 하여금 몹시 피곤하게 하였다. 이대로 동면이라도 할 수 있을 것 같은 심경이었다. 역시 외할머니시다. 나의 상태를 헤아리고 "피곤하지? 씻는 건 이따 밥 먹기 전에 하더라도, 일단 건넌방에 가서 좀 쉬거라." 하셨다.

나는 외할머니가 손으로 가리키는 대로 대문 옆에 딸린 방으로 들어갔다. 방에는 키높이가 한자 정도인 조그만 옷장이 하나, 그 위에 이불과 요, 베개 하나가 놓여 있었다.

바닥에 벌렁 누웠다. 발끝부터 피로가 몰려오는 듯 했다. 이미 무거워진 눈꺼풀은 나의 의지로는 어찌할 수가 없었다.

꿈을 꾸었다.

눈부시게 하얀 백사장 위에 내가 있다. 모래 속에 손을 넣었다. 따뜻한 감촉이 손등위로 전달됐다. 두 손으로 모래를 한껏 쥐고 들어 올렸다. 손가락 사이사이로 팔랑팔랑 모래알이 반짝이며 흘러 내린다. 누군가 뒤에서 부르는 모양이다. 나는 동작을 멈추고 뒤를 돌아보았다. 눈부신 햇살을 등에 지고 그림자가 내게로 다가온다. 눈이 부셔 볼 수가 없다. 손을 들어 눈에 들어오는 햇살을 거두었다. 천사와 같이 티 없는 환한 미소, 호수같이 푸르고 깊은 눈동자. 이마로 흘러내린 머리카락을 쓸어 올리는 낯익은 동작. 어머니다. 나는 벌떡 일어나 두 손을 높이 쳐들고 어머니에게 다가갔다. 뒤뚱 뒤뚱. 발걸음이 무겁다. 모래가 발목을 잡는다. 발을 옮기면 옮길수록 모래속으로 파고 들어간다. 엄마! 하고 외쳐보았다. 어머니는 여전히 평화로운 모습으로 내게 손을 벌리고 있었다. 나는 안간힘을 썼다. 모래가 어느 새 무릎까지 차올랐다. 두 손을 허우적거리며 발을 빼 보려 애쓰지만 좀처럼 빠지질 않는다. 얼굴이 벌겋게 달아올랐다. 이마에 땀방울이 송알송알 맺혔다. 조금만 더, 조금만, 조금만 더 움직이면 엄마를 만날 수 있어. 하지만 어머니와의 거리는 좁혀지질 않았다. 당장이라도 울음이 터질 것 같다. 아, 아, 왜 이리 생각처럼 안 되는 거지. 나는 내 자신이 실망스러웠다. 눈물이 앞을 가려 어머니의 모습을 분간할 수 없다. 어머니! 하고 다시 외쳐 보았다. 눈물로 가려졌던 시야 속에 다시 어머니가 희미하게 나타났다. 소리 없이 미소를 짓고 있다. 그리고 그 옆에 아버지가 함께 있다. 아, 아.. 버..지.

'혁…'

나는 눈을 번쩍 떴다. 칠흑 같은 어둠. 아무 것도 보이지 않는다.

자리에서 일어나 우두커니 앉아 있었다. 볼을 따라서 무엇인가 기어 내려간다. 손으로 만져 보았다. 손끝에 물기가 만져졌다. 아마도 잠결에 울고 있었던 모양이다.

"얘가 안적도 자고 있으려나. 인제 일어나 밥을 먹어야 할텐데…"

"어머니 놔 두세요. 제 딴엔 먼 곳을 여행하느라 몹시 피곤했던 모양이에요. 아까 보니까 숨소리도 없이 정신없이 자더라니까요. 호호호."

외숙모와 외할머니의 대화가 방문 너머로 들려왔다.

"엄마, 오빠가 자꾸 놀려요. 글도 못 읽는다고."

"너는 오빠라는 것이 동생을 돌볼 생각은 않고, 괴롭히면 쓰겠어?"

"아이 엄만, 쟤가 내 책을 허락도 없이 꺼내잖아…"

"그만 해라. 자, 얼른 손 씻고 밥 먹자. 여보, 여기 숟가락이 모자라."

그리고 잠잠해졌다. 아마도 밥상을 들고 안방으로 모두 들어간 모양이다. 적막이 흐른다.

나는 다시 옆으로 누웠다. 어둠과 친숙해졌다. 칠흑같던 방안이 희미하게 보이기 시작했다. 나는 눈을 껌벅이며 한동안 어둠을 바라보았다. 그리고 다시 눈을 감았다.

바깥에서 들리는 부산한 소리에 잠에서 깨어났다. 어느 덧 방안에 햇빛이 가득했다. 분명 어제 아무것도 하지 않고 누워 잠이 들었던 기억이 나는데, 나는 이불속에 있었다. 얼마나 잤을까? 피로는 풀린 듯한데, 머리는 맑지가 않다. 그때 방문 앞에서 인기척이 나더니 드르륵 하고 문이 열렸다.

"아이구, 우리 염이 잘 잤나? 피곤했지? 어여 나와. 시장할테니 씻고서 밥 먹어야지."

외할머니는 내가 대답할 틈도 없이 말씀하시고는, 방안으로 들어와 내 머리맡 위의 들창문을 열었다. 싸늘한 바람이 휙 들어오더니 방안의 온기를 쓸고 나갔다. 팔뚝에 소름이 돋았다. 그러고 보니 런닝만 입고 겉옷도 벗고 있었다. 누가 내 옷도 벗겨준 모양이다.

"할머니, 제 옷은?"

"아, 그렇지. 내가 깜빡했구나. 여기 이걸 입어라."

할머니가 옷장 문을 열고 안에서 흰색 윗도리와 검은색 바지를 내 주셨다. 나는 내주신 옷을 주섬주섬 입어 보았다. 윗도리는 아버지 와이셔츠처럼 단추가 일렬로 주르륵 달려 있었는데 소매가 조금 길었다. 대신 바지는 품은 헐렁하니 여유가 있었으나 단이 조금 짧았다.

"어디보자, 내가 눈대중으로 한번 만들어 봤는데… 음, 그럭저럭 잘 어울리는구나. 우리 염이 이렇게 차려입고 보니, 인물이 훤한 게 선생님 같구나."

외할머니는 차렷자세로 나를 세우더니 이리저리 둘러보고는 긴소매를 두어 번 접어 올려 주셨다.

"자, 오늘부터 이 옷 입고 학교에 가는 거야."

"하지만, 제겐 책도 없는데요."

"걱정마라. 다 준비해 놨다."

할머니는 내 머리에 검은색 학생모를 씌우며 함빡 웃었다. 어제 내가 꿈속에서 보았던 어머니의 그 환한 미소와 흡사했다.

나는 여주보통학교 1학년에 입학하였다. 물론 학기는 이미 시작된 상태이고 나는 도중에 들어가는 것이니까, 편입이란 말이 오히려 맞는지 모르겠다.

외삼촌 손에 이끌려 교무실에 들린 나는 간단하게 테스트를 받았다. 수업을 따라갈 수 있는지 보는 모양이다. 그리하여 1학년부터 배우기 시작하게 되었는데, 외사촌인 재민이와 같은 반이었다.

재민이는 2살이나 위인 내가 같은 반에서 공부하게 된 것이 그리 탐탁하지 않은 모양이었다. 교실에서 눈을 마주치는 일은 있었지만, 내게 말을 걸어오는 일은 없었다. 하교길에 함께 한 적 또한 단 한 번도 없었다.

오히려 나를 피하는 듯 했다.

집에서도 그랬다. 식사시간이야 어찌할 도리가 없다 하더라도, 그 밖의 시간에도 마주치는 일이 없었던 것이다. 귀가하면 재민이는 자기방으로 들어갔고, 나는 곧장 대문 옆 문간방으로 들어갔다. 방에서는 항상 외할머니가 정겹게 나를 맞이해 주셨다.

나는 공부도 곧잘 하는 편이었다. 그것이 또한 재민이와 나를 비교대상으로 만들기에, 둘 사이의 관계를 더욱 불편하게 만들었는지도 모른다.

그럭저럭 여주의 생활에도 적응이 되어, 보통학교 4년생이 되었을 때 갑자기 외할머니가 돌아가셨다.

돌아가시기 약 한달 전부터 외할머니는 식사량이 급격히 줄었다. 어디가 특별히 아프거나 한 건 아닌데, 입맛이 통 없다며 식사의 반을 덜어 내게 주셨다. 다들 계절 탓이려니 하고 별로 신경을 쓰지 않았다.

돌아가시던 날, 외할머니는 너무나도 편한 얼굴을 하고 주무시고 계셨다. 적어도 내 눈에는 그렇게 비춰졌다. 다른 점이 있었다면, 여느 때처럼 나의 학교준비를 거들지 않았다는 점 정도랄까. 아이들이 모두 등교한 후, 아침 식사에도 나오지 않아 외삼촌이 엿보러 갔다가 외할머니의 운명을 발견하였다.

외할머니의 죽음은 나에겐 정말로 큰 충격이었다. 어머니와 아버지를 잃은 내가 믿고 의지할 수 있는 애틋한 가족이었기 때문이다. 아버지를 잃었을 때와 같은 외로움이 엄습했다.

외할머니의 장례식을 치룬 후, 문간방에서 혼자 지내는 게 정말이지 싫어졌다. 식사시간에 외삼촌댁 가족들과 얼굴을 마주하는 것도 불편해졌다. 외할머니가 외삼촌 식구와 나를 연결시켜주는 연결고리였음을 그때 처음으로 깨달았다. 할머니의 빈자리가 컸다.

그로부터 일주일이 지난 어느 날이었다. 저녁식사를 끝내고 부리나케 문간방으로 건너가려는데 외삼촌이 불러 세웠다.

"염아, 잠시 얘기 좀 하자."

외삼촌은 묵묵히 담배종이에 담뱃잎을 말기 시작했다. 그런데 손으로 만지기만 할 뿐 입에 물지는 않았다.

"염아, 지금 이런 얘기를 한다고 서운한 감정을 가지면 안 된다."

뭔가 결심한 듯 운을 떼고 나서, 담배와 나를 번갈아 보면서 말을 이어갔다.

"실은 너도 알다시피, 이 삼촌이 면직원으로 근무하면서 쥐꼬리만한 월급을 받으며 근근이 살고 있지 않니?"

"…"

나는 대답할 말이 딱히 없어서 외삼촌의 얼굴을 빤히 바라보았다.

"사실 그동안 네가 학교 다니고 생활하고 하는데 필요한 경비는 너희 집에서 처분해 온 돈으로 충당했는데… 마침 이번에 어머니 장례를 치루고 나니까, 이젠 아무것도 없어."

나는 그동안 내가 학교를 다니거나 외삼촌 집에서 자고 먹고 한 일에 대해, 정말로 감사한 마음을 갖고 있었다. 그러기에 외삼촌 식구들 앞에서는 제대로 고개도 들 수 없는 심경이었는데, 그게 모두 내 집에서 나온 돈이라니, 아버지가 목숨으로 바꾼 돈으로 충당된 것이라니 갑자기 황당했다. 물론 진즉에 그 사실을 알았다 하더라도 나를 거둬준 외삼촌의 은혜가 사라지는 것은 아니었다. 하지만 설명해 주지 않은 게 서운했다. 이런 줄 알았으면 좀 더 당당할 수 있었잖아.

"… 해서 말인데, 금년까지 학교를 마치고, 내년부터는 네 힘으로 돈을 벌든, 학교를 계속하든 했으면 하는데, 어떠냐?"

"……"

외숙모가 우리 둘의 분위기를 살피며 과일을 내왔다. 잠시 침묵이 흐르고, 외숙모는 옆에 앉아 사과를 먹기 좋은 크기로 자르고 있었다.

"저, 근데 딱히 아는 곳도 없고, 또 특별히 기술도 없어서…"

그러자, 외삼촌이 잠시 생각하는 얼굴을 하더니

"아직 시간이 좀 있으니까, 내가 한번 알아볼게. 이왕이면 기술을 배우며 돈도 벌 수 있는 곳이 좋지 않겠어."

과일을 먹는 동안, 외삼촌은 그동안 관심도 없었던 나의 학교생활에 대해 이것저것 물어보았다. 취미나 특기, 좋아하는 과목, 장래 희망, 나아가 나이와 몸무게, 신장 등 신상에 관한 것도 물어왔다.

내방으로 건너온 후에도 나는 쉬이 잠을 청할 수 없었다. 사실, 나는 최근 며칠간의 숨막히는 분위기가 견디기 어려웠다. 앞으로도 여기서 이렇게 지내야 한다고 생각하니 더욱 가슴이 답답했다. 생각해 보니 한동안 이유 없이 깊은 숨을 몰아쉬는 버릇이 생겼는데, 이런 심리적인 요인 때문인 것 같기도 싶다. 그리고 아마 모르긴 몰라도 외삼촌네 식구 또한 나와 마찬가지 생각을 하고 있었는지도 모른다. 그동안은 외할머니라고 하는 '완충지'가 있어서 그런 불편함을 어느 정도 참을 수 있었는데, 그것이 사라진 지금은 우리 스스로가 해결책을 찾아야만 한 것 같기도 하다.

아무튼 이제 이곳에서 떠날 수도 있겠다는 생각이 들자, 걱정이 앞서기보다는 미래에 대한 궁금증으로 가슴이 부풀었다. 취업을 하더라도 외삼촌댁에서는 더 이상 살아서는 안 될 것이라고 각오를 다졌다.

독립

보통학교 4년을 마치자, 나는 외삼촌의 주선으로 여주를 떠나게 되었다. 그것도 경성으로. 정말로 가슴 벅차는 일이 아닐 수 없다. 드디어 나도 남의 눈치를 보지 않고 내 힘으로 살아갈 수 있겠구나 하는 생각에 신바람이 났다.

내가 갈 곳은 외삼촌과 사촌지간인 형님 댁이었다. 그러니까 우리 어머니의 사촌오빠이기도 하다. 경성부청에 근무한다고 하였으며, 그 집에 기거하며 일터를 다니면 된다는 설명을 짤막하게 전해 들었다.

일요일날 외삼촌이 경성까지 데려다 주기로 하였다. 이미 전날 밤에 내 물건들을 정리해 놓았는데, 고작 보따리 하나가 전부였다. 4년전 외할머니와 당진의 고향집을 나올 때와 별반 차이가 없었다.

할머니께서 손수 지어주신 셔츠와 바지에 학생모를 눌러쓰고 방에서 나왔다. 다시는 돌아올 생각이 없기에 마지막으로 할머니와의 추억이 깃든 방을 돌아보았다. 새삼 방이 몹시 작게만 느껴졌다.

'이렇게 작은 방에서 여태 생활했었나?'

그 때 누가 뒤에서 어깨에 손을 얹었다.

"이 방이 그리우면 언제든지 놀러와, 응? 자, 차 시간 늦겠다. 가자!"

외삼촌은 내게 그렇게 얘기했지만, 나는 이 방 자체에 애정은 없었다. 외할머니와의 추억만을 갖고 갈 생각이다.

난생 처음 보는 경성은 정말로 별천지였다. 신작로를 따라 빌딩들이 줄을 지었고, 자동차와 전차, 사람들이 교차하며 정신없이 오고갔다. 잠시 한눈을 팔다가는 길을 잃을 것 같아, 두리번거리며 구경을 하면서도 외삼촌의 뒷모습에서 눈을 떼지 않았다.

사촌형님이라는 분은 인왕산 밑에 살고 있었다. 그 집을 방문했을 때는 사촌형님은 보이지 않았고, 부인과 아이들만이 있었다. 아이들은 나와 한 살 차이 남자아이와 그러니까 13살 되는 아이와, 10살의 여자아이, 4살의 남자아이가 있었다.

외삼촌은 차를 마시며 잠시 담소를 나누다가 돌아갔다.

"힘들더라도 씩씩하게 버텨내구… 건강해라."

내 머리를 한번 쓰다듬고 여주로 되돌아갔다.

나는 외삼촌의 사촌형님 주선으로 다음 날부터 광교근처에 있는 도장포에 다니게 되었다. 사촌형님의 안내를 받으며 도장포를 방문했을 때,

4명의 직공들이 스탠드 아래에 얼굴을 파묻고 열심히 도장을 새기고 있었다.

사장은 코에 걸친 안경너머로 나를 빼꼼이 쳐다보더니, "너 한자 읽을 줄 알아?"하고 물었다.

"네, 보통학교 다니기 전부터 서당에서 한자 공부를 쫌 했습니다."

그랬더니 책상 위에 새겨진 도장 하나를 깨내 내게 내밀면서, "함 읽어 봐" 한다.

내가 어렵지 않게 읽어내자, 다른 것 몇 개를 더 내밀었다. 전부 틀리지 않고 읽자, 그제서야 안심했다는 듯이 '음~'하며 고개를 끄덕였다.

"자, 여기 종이에 주소하고 이름하고 있으니까, 여 도장들 갖고서 주인에게 갖다 주고와. 꼭 주인한테 줘야 하고, 주고 나서는 그 이름 옆에 서명을 꼭 받아 오거라."

하며, 주소와 이름이 적혀진 종이 한 장과 도장 꾸러미를 건네주었다.

나는 직공들이 새겨 놓은 도장을 주인에게 직접 배달하거나, 또는 주문을 받으러 의뢰인을 방문하거나 하는 배달원이었다.

일은 상당히 단순하였기에 어려울 것은 없었다. 처음 나를 괴롭혔던 것은 경성 지리에 어두워 장소 찾는 데 많은 시간이 소요된다는 것인데, 그것도 달포 남짓 하니까 대강은 감을 잡을 수가 있었다.

그것보다도 어려웠던 것은 굶주림, 배고픔이었다. 도장포에서는 식사를 제공해 주지 않았다. 점심시간이 되면 각자 근처 식당에서 점심을 사 먹거나, 아니면 집에서 도시락을 싸갖고 와서 해결하고 있었다. 그런데 나는 그 어느 쪽도 할 수가 없었다. 왜냐하면 전자의 경우, 아직 수중에 단 한 푼의 월급도 받은 상태가 아니라서 현금이 없었다는 것과, 후자의 경우 남의 집에 얹혀살면서 도시락을 싸달라고 부탁할 입장이 아니었기 때문이다.

더욱이 그 집외삼촌 사촌형의 집을 이렇게 밖에 표현할 길이 없다에서 나는 완전히 불필요한 존재, '혹'이었다. 외삼촌이 나를 위탁했을 때 어떤 조건이 오갔는지는 모르겠지만, 적어도 가엾어서 측은지심으로 수락한 것이 아님은 틀림없었다.

구체적으로 말하자면, 나는 그 집에 있는 동안 단 한 번도 식사에 불려 간 적이 없었다. 아침식사 시간이나 저녁식사 시간 모두, 그 집 식구가 식사를 마치고 나면 부엌에 물린 밥상에서 남은 밥으로 식사를 해야만 했다. 당연히 내 숟가락이나 젓가락이 있을 리 만무했다. 손님을 맞이하기 위해서라도 여분의 수저는 준비해 놓고 있을 법한데, 그 집에는 달랑 나를 제외한 식구 수만큼의 수저밖에 없었다.

한번은 부엌에 웅크리고 앉아 얼마 남지 않은 밥과 반찬을 허겁지겁 먹고 있는데, 큰 아들이 물을 마시러 들어왔다. 주전자 물을 그릇에 받아 마신 후, 남은 물을 일부러 바닥에 휙 버리면서 "별 거지같은 것이 다 들어와서…"라고 중얼거리며 나가는 것이었다.

나는 순간 치욕감과 설움에 목이 메었다. 하지만, 어렵게 얻은 식사를 포기할 수도 없었다. 꾸역꾸역 어거지로 음식을 목구멍으로 밀어 넣었다. 더욱 목이 메어왔다. 그러면서 이렇게 해야만 하는 내 신세가 처량

했다.

갑자기 나만 두고 떠나가신 아버지, 어머니가 너무나도 원망스러웠다.

두 눈에서 와락 눈물이 솟구쳐 뺨을 타고 흘러내렸다. 나는 바닥에 튀긴 물로 젖어버린 바지가랑이를 부여잡고, 정말로 정말로 오랫동안 그 자리에서 일어날 줄 몰랐다.

그런 연유로, 나는 점심을 굶으면 굶었지 도시락을 '구걸'하기는 싫었다.

그래서 한 달 동안은 점심을 굶을 수밖에 없었다. 경성의 여기저기로 심부름을 다니기 위해서는 체력이 필요한데, 너무나 허기져서 금방 피로감이 몰려왔다.

드디어 기다리던 내 월급이 손에 쥐어졌다. 뛸 듯이 기뻤다. 하지만, 이 사실을 어떻게 알았는지 사촌형이란 사람이 집값을 달라고 한다. 달라는 대로 제하고 보니, 점심을 제대로 먹기엔 턱없이 부족했다. 하는 수 없이 이틀에 한번 꼴로 사먹기로 했다.

그런데 인간이라는 것이 주어진 환경에 잘 적응하는 동물인지, 수개월이 지나자 그런 생활도 그럭저럭 익숙해져 갔다.

경성생활도 10개월이 지나려는 어느 날, 도장포에 외삼촌이 찾아왔다.

나는 마침 손님의 도장을 배달하고, 수령증을 들고 점포로 돌아오던 참이었다. 사장님과 차를 마시며 이야기를 나누던 외삼촌은 점포안으로 들어오던 나를, 처음에는 알아보지 못했다. 수령증을 사장님 책상에 올려놓고 쭈뼛쭈뼛 다가가서 고개를 숙이고 인사를 하자, 비로소 알아보았다.

"어? 니가 염이니?"

"네, 그동안 안녕하셨어요?"

"……, 으응, 그래."

외삼촌은 잠시 당혹스럽다는 얼굴을 하더니, 이내 표정을 바로잡았다. 바깥으로 심부름만 다닌 나는 얼굴이 온통 까맣게 그을린데다가, 제대로 먹지 못해 뼈만 앙상하게 남아 있었다. 외삼촌이 나를 단번에 알아보지 못한 건, 당연한 일이었다.

"경성에 출장이 생겨서 왔다가, 염이가 어떻게 지내는지 궁금해서 들렀다. 저, 사장님 죄송하지만 오늘 다른 특별한 일이 없으면 염이를 데리고 갈 수 있을까요? 오래간만이라 밥이라도 한 끼 사 먹일까 합니다."

사장님은 나를 한번 보더니, "아, 그렇게 하시지요"라며 허락해 주었다.

외삼촌은 나를 데리고 밖으로 나가, 근처에서 가장 가까운 식당을 찾아들어갔다. 아직 저녁을 먹기에는 조금 이른 시간이었다.

"염아, 먹고 싶은 것 있으면 아무거나 시켜!"

"……"

나는 벽에 붙어있는 차림표를 바라보기만 할 뿐 답을 하지 못했다. 도대체가 전부 먹고 싶어서 무얼 하나 선택하기가 어려웠다. 그걸 알아차리고 외삼촌이 적당히 주문을 했다.

우리 앞에 국밥 두 그릇과 찐만두가 놓여졌다. 나는 거의 그릇에 얼굴을 파묻다 시피하며 국밥을 단숨에 먹어 치웠다. 그릇을 비우고 나니 뭔지 창피하다는 생각이 들어 외삼촌의 얼굴을 바라보기가 멋쩍었다. 그러자,

"염아, 이것도 먹어. 난 아직 괜찮아."

하며, 자신의 국밥을 나의 빈 그릇과 바꿔놓았다. 그러면서 "미안하다, 염아. 아까 외삼촌이 너를 못 알아봐서… 미안하다."하더니 손목뼈가 유난히도 드러난 앙상한 내 손을 어루만졌다.

경성상회

그로부터 두 달이 지나고 나서 외삼촌이 다시 나타났다. 외삼촌은 사촌형 부부와 한 시간 가량을 얘기한 후, 내 방으로 건너왔다.

"염아, 이곳 말고 외삼촌이 다른 곳을 알아 봤어. 일하면서 잘 수도 있는 곳이야. 도장포에도 이미 얘기 해 놔서 걱정 안 해도 되고."

나는 어리둥절하였지만, 그 집을 나온다는 말에 서둘러서 내 짐을 정리하였다. 형식적인 인사를 마치고 거리로 나왔을 때, 세상이 달라진 것처럼 좋았다.

외삼촌과 나는 처음 경성으로 상경했을 때처럼, 외삼촌이 앞장서고 나는 보따리를 끌어 안고 뒤따르는 형세로 명동 쪽으로 향했다.

명동 한복판을 한참동안 헤매다가, 외삼촌은 손에 쥔 종이쪽지와 건물

을 번갈아 보더니 '경성상회'라는 간판이 걸려있는 점포 앞에서 멈춰 섰다.

"염아, 너는 여기서 잠시 기다리고 있어."

외삼촌이 점포 안으로 들어가자 나는 밖에서 유리창 너머로 점포 안을 들여다보았다. 온갖 색상의 옷감들이 벽면에 차곡차곡 가지런히 정리되어 있는 게 어린 내 눈에도 꽤나 정갈해 보였다.

외삼촌은 사무책상에서 서류를 들쳐보고 있던 40대 정도의 아저씨와 인사를 나누고 있었다. 외삼촌은 손동작으로 뭔가를 설명하는 것처럼 하더니 내 쪽을 바라보았고, 낯선 그 아저씨도 덩달아 나를 쳐다보더니 알겠다는 듯 고개를 끄덕였다.

이윽고 문이 열리더니 외삼촌이 내게 들어오라고 손짓을 하였다.

"인사드려라. 이제부터 신세를 지게 될 사장님이시다."

"안녕하세요. 최염이라고 합니다."

나는 모자를 벗고 공손하게 고개를 숙였다.

"그래, 잘 왔다. 조금 마르기는 했어도 똘똘하게 생겼구나."

사장님은 카랑카랑한 목소리로 맞이하였다.

"그럼, 갈 길이 멀어서… 이만 실례하겠습니다."

"잠시, 앉아서 차라도 한 잔 하시지. 이렇게 급하게 원…."

외삼촌은 사장님의 권유를 인사치레로 생각했는지, 빙긋 웃음만 짓더니 이내 점포밖으로 나갔다. 나도 외삼촌의 뒤를 따랐다.

"자, 그럼 우리 염이를 부탁드리겠습니다. 염아, 사장님 말씀 잘 들어."

“네, 알겠습니다.”

나는 이유는 모르겠지만, 사람들 사이로 보였다 사라지고, 보였다 사라지고를 반복하며 멀어져 가는 외삼촌의 뒷모습을 끝까지 지켜보았다. 외삼촌은 한번 뒤를 휙 돌아보더니 손을 들어 흔들어 보였다. 명동을 오가는 많은 인파 속에서도 외삼촌의 하얀 와이셔츠 소매만이 빛을 발하며 선명하게 눈에 들어왔다.

“딸랑, 딸랑”

조심스럽게 점포문을 다시 열고 들어서자, 문 위에 매달린 방울소리가 시끄럽게 울려댔다. 사장님은 책상앞에 앉은 채 얼굴만 들어 보이더니 다시 서류뭉치에 눈을 돌렸다.

안쪽에서 50대 정도의 아줌마 한 사람이 청년과 함께 포목을 놓고 뭔가를 확인하고 있었다. 나는 어찌해야 좋을지 몰라 보따리를 가슴에 감싸 쥐고 한쪽 구석으로 가서 잠자코 서 있었다.

아무런 말도 없이 약 1시간가량이 그렇게 흘러간 후, 20대 청년이 부산스럽게 문을 열고 들어왔다. 그 바람에 문에 매달린 종이 정신 사납게 딸랑거렸다.

“다녀왔습니다.”

“뭐가 그리도 시간이 걸려”

사장님은 고개를 숙인 채 안경너머로 힐끗 쳐다보며 면박을 주었다.

“헤헤, 전표에 써 논 주소를 잘못 읽어서 엉뚱한 데로 가는 바람에···. 근데, 이 꼬마는 뭐예요?”

꼬마라니? 내 나이 벌써 14살인데다가, 내 한 몫을 하러 경성까지 상경했는데… 그런 당신은 뭐요? 라는 말이 혀끝까지 나오는 걸 참았다.

"아, 이번에 새로 우리 집에서 일할 아이다. 참, 이름이 뭐더라?"

"최염입니다."

"그래, 그랬지. 태식이가 얘 좀 데리고 들어가 방 좀 안내해 줘라."

사장님은 그제야 내가 생각이 났다는 표정으로 태식이라는 청년에게 턱으로 지시를 했다.

"예엡. 꼬마 따라와!"

"저 최염인데요"

태식이형은 내 대답에 대꾸도 없이 점포 안쪽으로 성큼성큼 걸어갔다. 점포 안쪽으로 더 들어서니 여닫이문이 하나 나타났다. 문은 안쪽 귀퉁이 벽면에 붙어 있는지라 바깥쪽에서는 전혀 보이지 않았다. 마치 비밀의 문 같았다. 나는 태식이형의 뒤를 따라 문 안쪽으로 빨려 들어갔다.

안에 들어서자 10평 정도의 뜰이 펼쳐졌고, 뜰을 에워싸는 형태로 'ㄱ'자 형의 한옥이 한 채 나타났다. 신작로 쪽으로 점포가 서고, 그 뒤로 사장님 댁이 있었던 것이다.

"사모님! 춘자야~"

태식이형은 대청마루를 끼고 왼쪽에 자리한 안방을 향해 소리쳤다.

"아무도 없는가 보다. 일단 신발 벗고 이리루 와."

안방에 이어 부엌이 보이고 부엌 옆으로 큰 대문이 나 있었다. 그리고 그 대문에 이어지는 방으로 태식이 형이 신을 벗고 올라갔다.

'문간방…'

나는 이곳에서도 문간방에서 지내나 보다 하고 생각하며, 보따리를 들고 디딤돌에 올라섰다. 방안에는 작은 책상이 하나, 벽면에 옷가지가 걸려있고 바닥 한구석에 키낮은 옷장위로 이불과 요가 쌓여 있었다. 크기는 외삼촌 댁 문간방과 비슷했다.

내가 쭈뼛쭈뼛 서있자, 태식이형은 한쪽 벽에 붙어 있는 쪽문을 손에 잡고 "일루 와봐"하며 문을 열어 젖혔다. 가까이 다가가 안을 쳐다보니 작은 나무계단이 경사지게 위를 향해 있었다. 그리고 그 위로 어두컴컴한 공간이 눈에 들어왔다.

"여기가 네가 이제부터 지낼 곳이다. 밤엔 좀 쌀쌀할 거야."

태식이형이 고개를 숙여 다락방을 훔쳐보며 조언했다. 다락방은 문간방과 부엌으로 이어지는 공간, 그러니까 바로 대문 위쪽에 위치하고 있었다. 나는 보따리를 한손에 들고 계단을 기어올랐다. 다락방은 천장이 낮아 허리를 굽히지 않으면 안됐다. 나무와 곰팡이 냄새가 뒤섞인 매캐한 냄새가 싸늘한 기운과 함께 전신을 휘감았다. 여기저기 푸대자루와 상자, 보자기 꾸러미 등이 무질서하게 널려 있었다.

"창고대용으로 쓰고 있어서, 좀 정리를 해야 할꺼야. 바닥에 걸레질 좀 하고, 물건들도 한 귀퉁이로 모아둬."

"근데, 이불이나 이런 건 없나요?"

"아, 그러네. 여기 요하고 이불하고 줄 테니까. 갖다 써."

나는 방으로 다시 내려와 태식이형이 건네주는 걸레를 마당 수돗가에서 빨아다 다락방 바닥을 열심히 닦았다. 닦아도 닦아도 끝이 없이 묵은 떼가 묻어나왔다. 결국 다섯 번 정도를 다락과 마당을 왕복한 후에 비로소 청소는 일단락이 났다. 사실 점포에 나갔다 들어온 태식이형이 얼굴이 벌겋게 달아올라 씩씩거리는 내 모습을 보고, "적당히 해라. 묵은 떼를 벗겨버릴 생각은 아예 말고. 그게 언제 적부터 쌓인 먼진데… 아마 네가 살아온 날보다 더 많을걸. 하하하."라고 한마디 해 준 것이 결정적이었다.

걸레를 마지막으로 깨끗이 빨아서 툇마루 위에 펼쳐 놓은 뒤, 나는 다락방으로 올라갔다. 작고 좁고 초라하지만 '아리바바와 40인의 도적'에서 나오는 동굴처럼 비밀스러워서 좋았다. 한가운데에 다리를 쭉 뻗고 누워 보았다. 바닥에서 냉기가 올라온다. 등짝이 금새 배겨왔다. 그러나 세상을 다 얻은 기분이다. 곰팡이 냄새조차도 지구상의 가장 아름다운 향기처럼 느껴졌다.

첫날은 그렇게 지나갔다. 특별히 이렇다 할 업무를 지시받거나 앞으로 해야 할 일을 교육받거나 하는 일은 없었다. 그냥 그때그때 필요한 잡다한 일을 시키는 대로 하면 되기 때문이다. 사장님은 나를 맞이한 것을 '시혜적인' 성격으로 생각했던지, 내게 아무런 관심도 기대도 보이지 않았다. 내가 지냈던 5년여 동안 내 이름을 단 한 번도 부른 적도 없었고, 첫날 이후 내 이름을 기억조차 하고 있지 않은 것 같았다. 나를 호출할 때는 '어이', '거기', '얘야', '고조小僧: 꼬마', 술에 취했을 때는 예외 없이 '헤이, 보이' 등 내 이름만 빼고 다 불렀다.

해방 전 신세계백화점에서 명동을 바라본 모습

사장님에게는 아들이 두 명 있었다. 큰 아이가 보통학교를 졸업하고 중학교에 다니고 있었고, 둘째는 보통학교 고등과를 다니고 있었다. 사모님은 파머 머리에 양장을 입고 다니는 이른바 '하이카라' 여성이었다. 행동도 얼마나 조용하고 고상하신지, 집에 불이 나도 절대로 잠옷차림으론 뛰쳐나오지 않을 것이라는 확신이 있었다.

나와 같은 방(?)을 쓰는 사람은 예상과는 달리 태식이형이 아니었다. 태식이형은 자신의 자취방에서 점포로 출퇴근을 하고 있었다. 그 방은 부엌살림을 도맡아 하는 누나와, 내가 처음 점포에 들어왔을 때 점내에서 봤던 그 아주머니가 주인이었다.

"네가 새로 온 아이니? 이름이 뭔데? 어디서 왔어? 형제는 몇 명이고? 나이는?"

부엌일을 하는 누나가 속사포처럼 거침없이 질문공세를 퍼부었다. 나에 대한 신상털이를 모두 마치고 나자, "참 안됐구나. 부모님이 많이 보고 싶겠다"며 동정심을 표해 왔다. 누나도 고향에는 나와 같은 어린 동생들이 자그마치 5명이나 된다며 너스레를 떨었다. 앞으로 나더러 자신을 누나처럼 생각하란다. 자신 또한 나를 동생이라 생각하고 돌봐 주겠다니, 경성에 친척 하나 없는 나로서는 웬 떡이냐 싶었다.

누나의 이름은 송춘자. 허나 나는 이름대신 국자누나라고 불렀다. 누나가 나에게 심부름을 시키거나 도움을 요청할 때, 우연하게도 국자를 높이 쳐들고, 염아 저것 좀 가져와, 염아 이건 이렇게, 염아, 빨리 빨리⋯라며 지휘봉 흔들 듯이 흔들어댔기 때문이다. 내가 "누나는 국자를 쥐고 지시하는 모습이 마치 오케스트라 지휘자 같아"라고 하자, 누나도 기분 나빠 하지 않았고, 그 때부터 나는 누나의 용인하에 국자누나로 부르게 되었던 것이다.

내가 경성상회에서 하는 역할이란, 점포와 사택에 걸쳐 온갖 잡다한 허드렛일을 도맡아 하는 일종의 '머슴'이었다. 예를 들어서 대문앞, 점포앞, 집마당의 3점 세트 빗자루질 하기는 기본중의 기본이고, 아침신문 대령하기, 사장님 일가 구두닦기겨울철 구두 덥히기, 국자누나와 시장가기, 사장님 아드님 도시락 전달, 우산 들어주기, 빨래 널기, 쥐잡기, 화분에 물주기, 화장실청소, 심지어는 연애편지 배달까지 일일이 열거하기 어려울 정도의 많은 일을 담당하였다.

나는 머슴처럼 부려져도 아무런 불평없이 기쁜 마음으로 임하였다. 왜냐하면 적어도 갈 곳 없는 내게, 먹고 자며 지낼 수 있는 공간이 있다는 것만으로도 충분히 행복했기 때문이다. 더욱이 이곳에서는 내 전용의 '수저'가 있었다. 국자누나가 도장포에 다닐 때의 내 신세에 대한 이야기를 듣고, "그 잡것들, 천벌을 받을 것이여~"라고 흥분하더니, 이튿날 시장에서 당장 사온 것이었다.

아주머니에 대해서는 잘 모른다. 이름도 나이도 가족관계도 알지 못한다. 국자누나에 의하면 사장님 먼 친척뻘로, 옛날에 독립운동에 연루되어 남편과 아들을 잃고 혼자 남은 걸 사장님이 거둔 것이라고 한다. 늘 말도 없고 표정도 없이 무뚝뚝하게 지내는데, 국자누나의 수다에만 반응하였다. 국자누나는 아주머니가 경상도 사람처럼 말수가 적고 무뚝뚝

할 뿐이지 사실은 정이 많은 사람이라며, 언니가 처음부터 저랬는지 아니면 남편과 아들을 잃고 난 다음부터 저랬는지는 알 수 없는 일이라고 했다. 아주머니에 대해서 내가 확실하게 기억하고 있는 것은, 내가 경성상회에서 지낸 5년간 단 한 번도 내게 심부름을 시킨 적이 없다는 것이다.

그런데 그 아주머니가 내가 있던 동안 딱 한번 화를 낸 적이 있었다. 아주머니께서 소중하게 여기던 '그것'이 사라졌을 때의 일이었다. 문간방 청소는 보통 아주머니와 국자누나가 하지만, 가끔 다락방 걸레질을 하는 김에 방걸레질을 해 드리는 경우가 있었다. 하지만 내가 걸레질 할 동안에 그곳에는 아무것도 없었는데, 여하튼 큰일이 났다. 아주머니는 상기된 얼굴로 방안 구석구석을 이 잡듯이 뒤졌다. 키낮은 옷장 속도 샅샅이 뒤졌으나 아주머니의 '그것'은 나타나지 않았다. 방청소를 가끔 도왔던 나도 괜한 걱정이 들었다. 저녁이 되어 사모님이 외출에서 돌아오고서야 결국 그 일은 해결이 되었다. '그것'을 찾았기 때문이다. 그것은 아주머니가 아들을 위해 손수 만든 손수건이었는데, 아드님의 이름이 자수로 예쁘게 새겨져 있었다. 만주의 아버지를 찾아 집을 떠나던 날 건네주려 하였으나 끝내 주지 못했단다. 지금은 아들을 대신하여 아주머니 곁을 지키고 있었다. 그런데 그만 옷장을 정리하다 떨어진 걸 국자누나가 세탁을 하였고, 그것을 사모님이 외출 시 지참하였던 것이다. 그일 이후 아주머니는 손수건을 늘 몸에 지니고 절대 떼어 놓지 않았다.

사진관 견습생

        1937년 중일전쟁이 발발한 뒤, 전황이 장기화 조짐을 보이자 사회가 술렁이기 시작했다. 이러다간 조선 청년들도 '황군'으로 전장에 끌려가는 것은 아닌지, 우려하는 목소리도 들리기 시작했다. 그 우려는 현실로 나타났다. 1938년 2월에 '육군특별지원병령'이 공포되어 조선인이 스스로 일본제국을 위해 지원하는 형태로 군인이 될 수 있었던 것이다.

  그 무렵, 군수물자 증산과 이에 필요한 지하자원개발 등에도 많은 수의 노동력을 필요로 하였다. 이곳저곳에서 노동자를 모집하는 공고, 전단지 등이 삽시간에 늘어났다. 사실 말이 '모집'이지, 응하는 자가 없거나 할당된 인원이 모자라면 가차 없이 차출이 이루어졌다. 인력동원의 개시를 의미하는 것이다.

  1941년 12월 7일, '진주만' 기습공격으로 전선이 아시아·태평양지역으로 확대되자, 노동자가 더욱 절실해졌다. 특히 청장년층을 군인으로 뺏겨버린 일본의 군수공장들은 노동력 확보에 혈안이 되어 갔다.

  일본이 태평양전선에서 승전보를 타전하던 1942년 봄, 사장님이 갑자기 나를 안채로 불렀다.

  "아, 이리와 앉아. 긴히 할 말이 있네."

  방으로 들어서는 나를 보고 자리를 권하면서, 다소 상기된 표정으로 말을 이었다.

  "자네가 우리 집에 온 지 벌써 5년이 됐지?"

"네, 그렇습니다."

나는 사장님이 무슨 말을 하려 하는 건지 도무지 감을 잡을 수 없어서 불안한 마음으로 다음 말을 기다렸다.

"그래, 벌써 그렇게 세월이 지났는데도 내가 좀 소홀했던 것 같아. 우리 집에 와서 온갖 잡다한 일을 다 하다시피 하면서도 불평 한 마디 없이 잘 견뎌냈어, 자네 참 대단해. 고마워."

나는 갑작스러운 칭찬에 몸 둘 바를 몰랐다.

"아닙니다. 오갈 데 없는 저를 거두어 주셔서 오히려 제가 감사를 드려야죠."

내 대답에 흡족한 미소를 지으며,

"그래, 그렇게 생각해 주면 고마우이. 근데, 가만히 생각해 보니 자네도 이제 어른이 되어 가고, 이런 일만 하면서 여기서 이렇게 지내서는 안 된다고 생각하네."

'응? 무슨 뜻이지? 나를 내치실려나?'

사장님의 갑작스런 발언이 당시엔 청천벽력 같이 들렸다.

"해서, 내가 여러 가지로 고민을 했는데 말이야. 점포에는 태식이가 점장처럼 일해 왔고, 그렇다고 이 작은 점포에 부점장을 둘 수도 없는 일이고, 그래 내가 생각해 보니 자네를 위해 점포에 자리를 마련하기가 어려워서, 아는 사람을 통해 다른 일감을 알아봤네."

그러니까 한마디로 말해서, 몸과 마음이 나날이 성장하는 나를 위해 자립할 수 있는 별도의 자리를 준비해 놨다는 의미였다.

사장님 설명에 의하면, 일본인 퇴역장교가 운영하는 사진관이며, 사진기사 보조로 일하면서 사진 기술도 배울 수 있고 성실하게만 하면 저녁에 야간학교도 보내줄 수 있는 곳이라고 한다. 나는 생각해 보겠노라고 대답하고 자리에서 일어났다.

익숙해진 환경을 버리고 낯선 곳으로 떠난다는 것은 쉽지 않다. 그러나 오랜 숙고 끝에 결국 자리를 옮기기로 결심하였다. 나를 위해서도, 그리고 모두를 위해서도 그러는게 맞는 것 같았다. 이미 성인의 문턱까지 성장한 내가, 다락방을 고집하는 것은 옳지 않았다.

경성상회를 떠나던 날, 국자누나는 내 보따리 역시 달랑 한 개에 내가 쓰던 수저와 그릇을 꼭꼭 챙겨주었다.

"뭐니 뭐니 해도 밥이 최고여. 꼭 끼니 거르지 말고 건강해야 해."

누나는 친동생을 떠나보내는 것처럼 눈물을 보이며 슬퍼해 줬다. 아주머니는 특별히 말은 없었지만, 태식이형의 배웅을 받으며 떠나는 나를 끝까지 지켜봐 주었다.

사진관은 종로 화신백화점 근처에 위치하고 있었다.

일본식 목조건물로 1층 입구에 '朝日寫眞館'이라는 간판이 붙어 있었다. 이번에는 제대로 기술도 배우고, 필요하면 기술학교에도 진학하여 장래를 준비해야겠다는 야무진 꿈을 품었다. 그렇게 생각하니, 지난 5년의 세월이 내게 무얼 가져다 준 것인지 새삼 아깝다는 생각도 들었다.

경성상회 사장님의 소개장을 들고 사진관을 방문했을 때, 출장촬영 중인지 현관에 '외출중'이라는 표식과 함께 문은 굳게 잠겨 있었다. 나는 현관문 앞에서 오가는 인파를 쳐다보며 또 옛날처럼 3시간가량을 서 있었다.

한참만에 기사님이 조수를 동반하고 사진관으로 돌아오자, 나는 경성상회 사장의 소개장을 내밀었다.

"신망이 두터웠던 모양이군. 자네한테 좋은 말만 써 주셨어. 카메라는 본 적이 있나? 아니, 있을 리 없지. 마, 차차 배우면 될 것이고, 나는 고토 사부로後藤三郎라고 하고, 이쪽은 데쓰哲라고 하네, 서로 인사나 나누게."

나는 기사님이 소개해 준 청년과 인사를 나누었다. 나보다 한 살 아래의 조선인 청년인 그는 이미 견습생을 거쳐 조수로 근무하고 있었다. 이름은 姜哲柱로 사진관에서는 모두 '데쓰哲상'이라고 불렀다. 서열상 나는 바로 그 밑에 위치하며 견습생이란 직함을 얻었다. 사진촬영의 기술을 연마한다는 뜻인 것 같았다.

철주는 전라남도 나주의 빈농에서 3남 중 막내로 태어나 자랐다. 10세가 되던 무렵 제일 큰형만 고향에 남기고 자신과 둘째 형은 각각 친척집 소개로 타지생활을 시작했다. 자신은 군산항 근처의 일본인 집에 점원으로 기거하다가 15세 되던 해 상경을 결심, 경성의 공장과 점포를 전전긍긍하다가 17세 때 이곳에 정착하게 되었다.

우리 둘은 마치 형제처럼 정말 친하게 지냈다. 사진관 2층의 암실 옆 작은 방을 함께 쓰며, 이 암울한 시대와 전쟁, 미래에 대해 많은 이야기를 나누었다. 사진기술에 대해서는 철주가 나보다도 훨씬 많은 경험과 기술을 갖고 있어서, 나는 틈날 때마다 사진기술에 대해 지도를 받았다.

대신 나는 철주의 이야기를 잠자코 들어주었다. 철주는 주로 자기 집에 대한 추억을 이야기했다. 아마도 헤어진 부모와 형들이 보고 싶었던 모양이다. 내게는 형제에 대한 경험이 없어서 동생에게 어떻게 대해 주어야 하는지는 잘 알지 못했지만, 이렇게 열심히 들어주는 것도 형으로서의 도리가 아닌가 싶었다.

우리 둘에게는 가장 행복한 시간이 있었다. 졸업앨범 촬영이다. 졸업시즌이 가까워지면 경성뿐만 아니라 지방으로도 졸업기념촬영을 하러 출장을 가곤 하였다. 모처럼 경성에서 벗어나기 때문에 숨통이 트여 좋기도 했지만, 고향의 냄새를 더 가까이서 맡는다는 느낌이 들어서 좋았다.

"장비들은 하나도 빠짐없이 잘 챙겼지?"

고토後藤기사님이 자신의 애차愛車 닷산에 올라타며 뒷자석을 돌아보았다.

"하잇예!"

우리 둘이 동시에 답변을 하자, 부르릉 경쾌한 엔진소리와 함께 승용차가 움직이기 시작했다. 하지만 채 백 미터도 가지 못하고 돌아서야 했다.

"고토 기사님, 잠깐. 저 삼각대가…"

"저 역시 출장 가방을 깜빡하고…"

무슨 젊은 사람들 기억력이 그 모양이냐며 기사님이 차를 세워줬다. 둘이 서둘러 사진관으로 되돌아가자 현관 앞에 세워둔 삼각대 옆에 출장 가방을 들고 부인이 서 있었다.

"이것도 잊었지요? 서두르지 말고 조심해서 잘 다녀와요. 가방 속에 주먹밥이 들어 있어요. 갈 길이 머니, 도중 시장할 때 기사님과 함께 드세요."

부인이 싸주는 주먹밥 또한 출장의 또 다른 즐거움이었다. 참기름이 고소하게 발려진 하얀 쌀밥 속에 다시마절임이나 멸치, '다쿠앙단무지'무침이 들어 있었다. 절묘하게 간이 어우러져 입안에 집어넣기가 무섭게 살살 녹았다.

출장을 무사히 끝내고 돌아오는 길에 고토 기사님이 뜻밖의 제안을 해왔다.

"데쓰, 미노루 모두 내 일처럼 도와줘서 고마워. 오늘 졸업사진을 찍으면서 문득 생각했는데, 앞으로는 조선에서도 제대로 된 교육을 받아야, 원하는 직장에서 하고 싶은 일을 할 수 있을 거야. 그래서 말인데, 너희들도 보통학교만으로 만족하지 말고, 전문적인 교육을 받아 미래를 준비하는 게 어떻겠어?"

우리는 처음엔 무슨 말인지 이해가 되지 않아 서로의 얼굴을 쳐다보았다.

"그래서 내년부턴 일 마치고 나서 야간 보습학교라도 다니며 기술을 배우는 것이 어떨가 싶어."

사장이 백밀러로 우리 표정을 엿보았다.

학교공부를 할 수 있다면 응당 응해야 할 것이다. 우리는 당연히 흔쾌하게 제안을 수락하였다.

“감사합니다. 그렇게 하겠습니다.”

그리하여 우리는 돌아오는 대로 곧장 보습학교에 대해 이리저리 알아보았다. 철주는 평소 기계에 대해 관심을 갖고 있던 터라, 기술관계의 보습학교로 결정하였고, 나는 장차 샐러리맨이 되는 데 도움이 될까 싶어서 회계공부를 하기로 하였다.

야간학교는 힘이 들었다. 당초 공부에 대한 욕심으로 입학원서를 기분좋게 던져 놓았지만, 막상 학교가 시작되자 수업 듣는 것이 쉽지 않았고. 무엇보다 쏟아지는 졸음을 참는 것이 학교를 계속하기 위해 넘어야 할 난관이었다.

그러나 그것도 오래가지 못했다. 우리의 부푼 꿈은 1년을 넘기지 못하고 무너져 내렸다.

조선인도 천황의 신민으로서 황군의 영광스러운 부름을 받게 될 것이라는 소문이 항간을 떠들썩하게 하고 있던 1944년, 철주앞으로 신체검사를 받으라는 통지가 날아왔던 것이다. 황군이 영미귀축을 파죽지세로 격퇴시키고 있다는 신문보도나 온갖 영웅담과는 달리, 조선인을 동원해야 하리만큼 남양南洋의 전세가 좋지 않다는 입소문이 우리를 착잡하게 만들었다.

“일단 신체검사만 하는 걸 꺼야.”

“모두의 전송을 받고 간 병사 중에 여직 돌아온 사람이 없다는데…”

“그거야 다들 (일본의) 고향으로 돌아갔으니까 그렇겠지. 나 왔소 하고 동네방네 떠들며 다니지 않는 이상 알 도리가 있나.”

“기술자가 되어 내 이름의 간판을 단 내 점포를 갖고 싶었는데…”

“……”

철주는 보습학교 기술서적들을 팔락팔락 들척이며 중얼거렸다.

아무런 말도 위로가 될 성 싶지가 않았다.

그 후 봄바람이 살랑 불던 4월의 어느 날, 철주는 신체검사를 받았다. 결과는 황군이 되기에 손색이 없다는 갑종. 신체가 건강하다는 의미도 되는데, 왜 이리도 우울할까?

그날부터 철주의 말수가 급격히 줄어들었다. 휴일에 남산을 산책하면서도 뭔가 생각에 잠긴 굳은 표정이 좀체 풀어지질 않았다.

“형, 나 잠시 고향에 좀 다녀와야겠어.”

다음날 오전 출장촬영을 마치고 돌아오는 길에 철주가 입을 열었다.

“집을 떠나온 지 벌써 10년이 다 되었는데, 부모님, 형님들도 보고 싶고, 또…”

말을 잇지 못하다가 결국 긴 한숨만 내쉬었다.

말이 무슨 필요 있으랴. 나는 철주가 하고 싶었던 말이 무엇인지 감히 짐작이 갔다.

“그래, 당연히 그래야지. 여긴 걱정하지마.”

입으로는 그렇게 대답했지만, 가슴이 메여 터질 것만 같았다. 형과 아우처럼 지내며 정을 쌓은 사이인데 어찌 슬프지 않겠는가?

철주는 옷가지 몇 가지만 챙겨들고 고향길에 나섰다

철주가 없는 한 달간은 너무나 적적했다. 다시 이 세상에 나 혼자만 달랑 남겨진 듯한 고독감이 밀려왔다. 생각건대 그건 외할머니를 잃었을 때의 막막함과 비슷했다. 잠을 청하기 위해 눈을 감으면, 두 번 다시 눈을 뜰 수 없을 것 같다는 망상에 사로잡히기도 하였다.

'나도 고향집이나 다녀올까…'

문득 그런 생각을 했다. 하지만 단지 생각일 뿐, 고향집에 간들 내겐 반겨줄 아무 가족도 없지 않은가. 또한 폐허가 되었을 법한 생가生家에 마음만 더 아려올 것이라는 확신마저 들었다.

혼이 빠진 채 겉가죽만 기계처럼 움직이는 생활이 달포 남짓 계속되고 나서, 양손에 보따리를 쥐어들고 철주가 돌아왔다.

"형, 혼자 힘들었지? 미안해. 내가 못했던 일 다 갚아줄게. 헤헤."

철주의 표정은 한결 밝아졌다.

"됐고… 그 보따리들은 뭐냐? 뭐 만난 거 있으면 냉큼 내놓기나 해라."

철주는 내 말을 기다렸다는 듯이, 말이 끝나기가 무섭게 보따리를 풀어헤치며 안에 들어 있는 것들을 모조리 끄집어냈다.

"이건, 어... 그러니까, 친구들이 무사히 잘 다녀오라고 기원하며 일일이 바느질을 해 준건데… 뭐라더라? 그래 '센닌바리千人針'라고 해."

자랑스럽게 펼친 무명헝겊에는 붉은 실로 수놓은 '무운장구武運長久'라는 글자가 눈에 들어왔다.

"그리고 이건, 어머니가 준비해 준 부적인데, 어어 그건 펼치면 안돼, 효험이 사라진데. 몸에 잘 간수하라고 했고. 또, 이건…"

철주는 보따리에서 튀어나온 물건에 대해 하나하나 설명을 잊지 않았다.

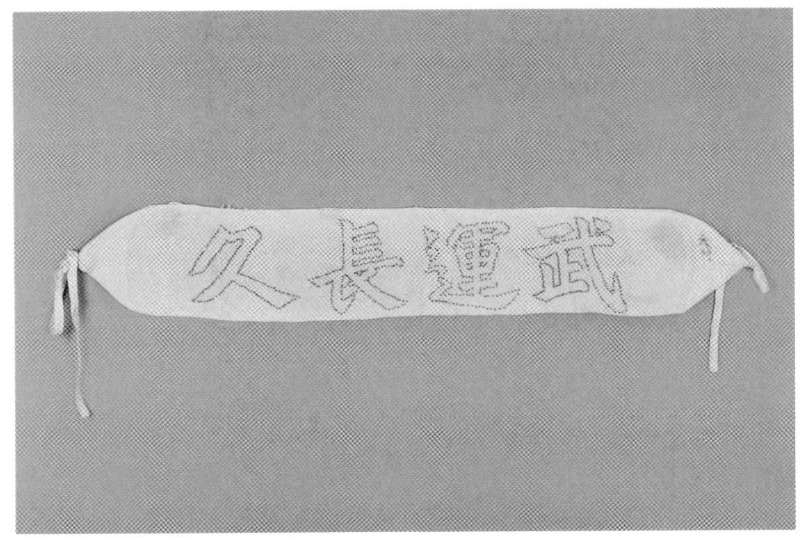

'무운장구'라고 쓰여진 '센닌바리'

소풍 가는 아이처럼 들 뜬 모습이 영 보기 좋았다.

"자, 이것 받아. 어머니가 형한테도 준비했다며 갖다 주래."

철주가 내민 것은 한지에 정성스럽게 싸여진 부적이었다.

"고마워. 나도 몸속에 꼭 간직하고 있어야겠네. 자, 도루 보따리에 다 집어넣고, 기사님은 거래처에 다녀오는 중이니까 먼저 안채에 들어가 부인께 인사나 드려."

철주는 집에서 재배한 채소, 과일 들을 잔뜩 싼 다른 보따리를 들고 안채로 들어갔다.

철주의 귀환으로 나도 안정을 되찾았고, 사진관 업무도 여유가 돌아왔다.

그 후 시간은 흘러 여름을 지나 가을어귀에 들어섰지만, 징병영장은 아직 없었다.

그런데, 가을장마로 세상이 온통 잿빛이던 9월의 마지막 날, 거래처 수금을 마치고 사진관으로 돌아오자, 기사님과 철주가 나를 기다리고 있었다.

"미노루, 네 앞으로 영장이 왔다."

'영장?'

기사님은 진열대 겸용 책상 위 서류뭉치 속에서 종이 한 장을 들어 내게 내밀었다.

徵用令書

本籍 : 忠淸南道 唐津郡 順城面 白石里

[氏名] 崔本 稔

[生年月日] 大正 12年 7月 8日

右ノ者左ノ通懲用ス (우측의 자를 좌측과 같이 징용한다)

징용되는 지정공장란에는 '미쓰비시三菱중공업주식회사 히로시마廣島조선소'라고 쓰여 있었다.

"형, 조선소라고 하는데, 탄광이 아니라서 그나마 다행이야. 홋카이도 탄광에 끌려가면 돌아오지 못한다고들 하잖아? 기간도 1년이라고 하니까 금방 지나갈거야, 그치?"

66

옆에서 영장을 보며 철주가 근심에 가득한 얼굴로 내게 말했다.

"집결장소가 부산 오쿠라大倉町 소재 총독부 부산 도항보호사무소라고 되어 있구만. 10월 4일 오전9시까지 출두하라고 되어 있지만, 용산역에 집결하여 단체로 이동한다는 통보가 있었어."

기사님이 다른 한 장의 종이를 쳐다보며 중얼거리듯 말했다. 나는 기사님이 건네주는 또 다른 종이쪽지 한 장을 받아 읽어 보았다. 손바닥 크기만 한 갱지에 단체이동을 위한 안내문이 적혀 있었다.

"형, 관철동 여관에서 일박을 하고 다음날 이동하는 거라면, 그냥 여기서 직접 가도 되겠네."

"아니야. 안내문에 써 있는 대로 행동하는게 좋겠어. 아무튼 대일본 제국이 자네를 부른 것이네. 영광으로 생각하고 주어진 소임을 다 하도록."

기사님의 말투가 군인이 된 것 같았다.

10월 4일 집결이라면 사나흘 밖에 여유가 없다. 갑자기 초조해지기 시작했다. 총독부가 지역별로 인원을 할당하여 청년들을 끌고 간다는 이야기는 어제 오늘의 얘기가 아니었지만, 막상 내 차례가 되니 어찌해야 할지 당혹스러웠다.

다음날, 날이 밝자 아침식사를 먹는 둥 마는 둥 건성으로 마친 후, 경성상회로 달려갔다. 오늘밖에 시간여유가 없다고 생각하니 마음이 급했다.

"딸랑, 딸랑"

현관문을 열고 들어서자 귀에 익은 방울소리가 울려 퍼졌다.

"이게 누구야? 염이 아녀."

태식이 형이 바닥을 빗자루로 쓸고 있다가 허리를 펴며 반겨주었다. 서로 부둥켜 안은 뒤 그간의 안부를 물었다. 태식이 형은 내년 봄에 국자누나와 결혼을 한단다. 두 사람은 그동안 몰래 사랑을 싹 틔우고 있었던 모양이다.

"진심으로 축하해요, 진심으로. 정말 잘 됐네요."

"응, 고마워. 결혼식엔 만사 제쳐놓고 꼭 오는 거다. 알았지?"

"…근데, 그게 좀. 사실은 저 징용장이 나왔어요. 일본으로… 히로시마에 있는 조선소에… 해서 가깝게 지낸 분께 인사를 드릴려고."

막상 주위분께 인사를 드리려 하자, 이곳밖에 생각나는 곳이 없어서 달려왔다는 말도 잊지 않았다.

태식이 형이 아무 말도 않고 다시 나를 꼭 부둥켜 안았다.

안채에 들어가니 사장님은 화초에 물을 주고 있었고, 아줌마와 국자누나는 부엌에서 정리를 하고 있었다. 간략하게 태식이 형이 내 방문의 목적을 알려주자, 모두 근심스런 표정으로 내 손을 잡았다.

그날 점심은 나를 위해 마련해 주었다. 경성상회의 온 가족이 마루에 모여 앉아 함께 식사하는 것으로 조촐한 송별회가 진행되었다.

돌아오는 길에 국자누나에게 결혼사진을 내 손으로 찍어주지 못해 미안하다는 말을 전했다. 국자누나는 대신에 아이가 태어나면 가족사진을 부탁한다며, 그러기 위해 무사히 건강하게 돌아와야 한다고 당부하였다.

경성상회를 나오자 그밖에는 달리 갈 곳이 없었다. 그렇다고 수저를 놓기가 무섭게 인사를 다녀오겠다며 뛰어나온 사진관에 곧바로 들어가고 싶지는 않았다.

나는 내가 늘 다녔던 거리를 거닐기로 하였다. 특히 그중에서 특별히 마음에 들었던 길을 거닐 때는, 복기하듯이 천천히, 한걸음 한걸음을 음미하며 걸음을 옮겼다. 눈에 익은 간판을 읽고, 거리를 거니는 사람들을 보고, 거리의 냄새를 맡고, 그리고 손으로 만지며 경성과의 이별을 준비하였다.

멀리 승용차 뒤편으로 보이는 다리가 쇼와오하시(昭和大橋). 2005.12.8. 촬영

II

나는 조선인 응징사이다

부산-하카타-히로시마

　　　　　　　　　　내 전 재산은 달랑 보따리 하나. 예의 그 보따리에 내 인생을 죄다 담고서 사진관을 나섰다. 기사님은 곧 두 조선인 직원을 잃어야 할 판이지만 표정은 담담했다.

"건강하게. 내가 아무런 도움이 되어주지 못해 미안하네만, 다 대일본제국을 위한 일이니까 참고 견디게."

"형, 꼭 편지하고, 다치지 않게 조심하고. 내가 먼저 갈 것 같더니만 형을 먼저 보내네."

"너도 건강 조심하고, 우리 꼭 다시 만나자."

철주는 '무운장구'의 '센닌바리'를 내게 건네주려 하였다. 내가 군 입대하는 것도 아닌데 무슨 '무운장구'냐며 한사코 거절했다. 철주의 따뜻한 마음만 받아가기로 했다.

관철동의 여관에 집결하자 경성에서는 백 수십 명이 되는 듯 했다. 인솔자로 보이는 중년의 남자가 인원을 모두 점검하고 숙소를 지정하였다. 그리고 다음날 오전 4시, 아직 사방이 어두컴컴한 이른 새벽에 기상하여 일행은 용산역으로 향했다.

용산역에는 우리를 태우고 갈 임시열차가 대기하고 있었다. 역앞에서 다시 인원점검이 있었다. 인원점검은 귀찮을 정도로 자주 있었다. 탈주자를 방지하려고 안간힘을 쓰는 낌새였다. 경성부청에서 격려차 달려왔다는 인물이 '대동아공영권' 건설을 위한 성전이 어쩌구저쩌구, '산업전사'가 어쩌구저쩌구 하더니만 '천황폐하만세'를 삼창하고 사라졌다. 이제 세레머니는 다 끝났다. 드디어 출발하는구나 하고 생각하는 바로 그 순간, 누가 내 이름을 불렀다. 나는 미심쩍으면서도 돌아서 뒤를 바라보았다. 태식이형이 손을 번쩍 들어 흔들어 보였다.

"야, 아슬아슬하게 때 맞춰 왔네. 하마터면 못 볼 뻔했다."

거친 숨을 몰아쉬며 형이 내게로 다가왔다. 그 뒤로 국자누나와 아주머니의 얼굴이 보였다.

"…누나, …아주머니…"

얼떨떨해 하는 나를 보고, 국자누나는 보따리 하나를 불쑥 내밀었다.

"그럼 그렇지, 너 또 달랑 보따리 하나지? 이번엔 아냐. 니 살림 좀 늘려 주려고 한 개 더 갖고 왔다. 자."

새색시가 친정에서 준비한 이바지를 시댁으로 가져올 때 싸는 고운 천의 보자기가 눈에 들어왔다.

"건강해야 돼. 그리고… 조선으로 돌아오게 되면 꼭 우리한테 와, 응? 다시 와, 응?"

말수 적은 아주머니께서 내 손을 부여잡고 당부하듯이 말했다. 아주머니의 눈동자에 수많은 불빛이 반짝였다.

그렇다. 나는 무사히 강제징용의 굴레에서 벗어난다 해도 돌아갈 곳이 없었다. 사진관? 아니다. 내 자리가 아니다. 철주도 징병으로 떠나가고 없을 것이며, 내가 없는 동안에는 필경 누군가가 그 자리를 대신할 것임에 틀림없다.

나는 아주머니의 그 말이 얼마나 고마운지 몰랐다. 부산으로 향하는 기차 안에서도 몇 번이고 몇 번이고 아주머니의 말을 되뇌며, 자신도 모르게 마음속 깊이 평온함을 느꼈다.

어두컴컴한 저녁이 되어서야 비로소 부산역에 당도하였다. 그 새 정차역마다 피징용 노무자들이 승차하여, 종착역인 부산역에서 하차해 보니 그 수가 천여 명을 훌쩍 넘어섰다.

인원점검을 위해 강제동원된 사람들을 지역별로 광장에 늘어서게 하는데, 얼핏 보니 경성을 포함하여 경기도 일대에서만 끌려온 것 같았다. 굳게 다문 입술, 두려움에 찬 눈망울, 광장에는 인솔자의 쩌렁쩌렁한 호령과 스치는 옷자락 소리 외에 아무것도 들리지 않았다.

음습하다.

나는 가을녘의 서늘함과는 다른 음습한 기운에 온 몸에 소름이 돋는 걸 느꼈다.

"어디... 아파?"

뒤통수 너머로 내게 누군가가 말을 건네 왔다.

"엉?"

"어디가 아프냐고?"

재차 질문을 받고 보니, 나는 추위 때문인지 두려움 때문인지 모르겠으나, 사시나무 떨 듯 파르르 떨고 있었다.

"어, 괜찮아. 아무렇지도 않아."

까무잡잡한 얼굴에 짧은 머리가 매우 다부지다는 인상을 강하게 풍긴다. 내 대답을 듣더니 그럼 됐어 라며 짧은 한마디를 남기고 사람들 틈으로 사라졌다.

그날은 모두 근처 여관에서 1박을 했다. 이튿날 날이 밝자 우리는 간단한 신체검사와 함께 전신에 소독제 세례를 받았다. 입고 있던 옷가지들은 모두 찜통 속에서 스팀을 담뿍 받고 주인에게 돌려졌다. 그 바람에 어떤 사람은 흰색 무명옷에 염색물이 들었다며 볼멘소리를 했다.

일본으로 향하는 연락선에 올라탄 것은 부산에서 1박을 더 하고난 다음이었다. 태어나서 처음 타보는 연락선이라 긴장이 됐으나, 그 규모에 눈이 휘둥그레졌다.

"우물쭈물 하지 말고 빨리빨리 안쪽으로 움직여!"

부산에서 우리를 인계받은 일본인 인솔자들이 소리를 고래고래 질렀다. 불호령이 머리위로 번잡스럽게 교차할 때마다, 허둥지둥 움직이는 피징용자들의 모습이, 마치 축사로 몰려지는 소떼와도 같다는 느낌이 들었다.

'이건 사람이 아니야. 생각하는 짐승정도로만 생각하는 것 같아.'

속으로 그런 생각을 하며, 지시에 따라 연락선 아래로, 아래로 이동해 보니, 그곳에 넓은 방이 펼쳐졌다. 사방이 벽으로 둘러싸여 창문 하나 없이 백열전구만이 껌벅이는 걸 보면, 배 밑창인 것 같다. 아, 정말 짐승처럼 화물칸 같은 곳에 '적재'된 것이다.

나는 구석진 곳에 쭈그려 앉았다. 내 앞과 옆으로 빈틈없이 청년들이 자리를 잡고 앉았다. 다들 나와 같은 심정인지 서로의 얼굴만 번갈아 보며 처음 타는 연락선에 긴장감을 감추지 못했다.

얼추 방마다 승선이 완료된 모양인지 총괄자인 듯한 사람이 입구에서 방안을 한번 쭈욱 훑어보고는 사라졌다. 이어서 입구 앞 통로로 부산스럽게 인솔대원들이 오고 가는 모습이 보였다. 출항이 시작되는 모양이다.

그때 갑자기 "부앙~" 하고 뱃고동 소리가 울렸다. 동시에 바닥을 통해 연락선의 힘찬 엔진음 소리가 전달되어 왔다. 배는 천천히 미끄러지듯 움직였다. 그러자 예의 총괄자인 듯한 인물이 다시 입구에 나타났다. 그 뒤로 인솔대원들의 얼굴이 보였다.

"제군들, 드디어 여러분들은 대일본제국의 영광스러운 부름을 받고, 내지의 총후銃後(후방)를 지키기 위하여 떠나게 되었습니다. 전선에서는 우리의 자랑스러운 황군이, 미영귀축들의 침략을 물리치며 속속 승전보를 전해 오고 있습니다. 우리 황군이 혁혁한 전공을 세울 수 있는 것은, 오직 여러분들이 총후에서 훌륭하게 맡은 바 소임을 다하고 있기 때문입니다. 이제 여러분은 히로시마의 동양 최고 조선소에서, 산업전사로서 대일본제국의 승리를 위해 활약하게 될 것입니다. 대동아전쟁 승리의 열쇠는, 여러분들의 손에 달려 있다고 해도 과언이 아닙니다. 한 사람, 한 사람, 대일본제국의 승리를 위해 일한다는 큰 자부심을 갖고, 부디 정진해 주실 것을 당부드립니다."

일장 연설이 끝나자, 전원 기립하여 "천황폐하 만세"를 삼창하였다. 이어서 각자에게 '우키부끄로', 즉 구명의가 배포되어 한사람도 빠짐없이 착용하였다.

"이게 뭐지?"

"아, 그거 있잖아. 그 물에 빠져도 둥둥 뜨게 하는 거. 뭐 그런거야."

"근데, 이걸 왜 입히는 거야. 우리가 물에 빠질 일이라도 있는 거야?"

옆에서 구명의를 입으면서 사람들이 수근거렸다.

그러자, 이내 분위기를 알아차렸다는 듯이 인솔대원 한 명이 손을 나팔 모양으로 입에 대고는 설명을 시작했다.

"내지內地(일본 본토)로 가는 해상에는, 미군 잠수함이 출몰하여 우리 여객선이나 선박들을 공격하는 일이 왕왕 있다. 그러나 안심해라. 이 여객선은 우리 대일본제국 해군의 호위하에 여러분들을 호송할 것이다. 여러분들이 착용한 우키부끄로는 여러분들을 보호하기 위한 안전책으로 지급한 것이니 만큼 염려하지 않도록, 알겠나?"

뭐야? 미군의 공격을 받아 침몰할 수도 있다는 얘기 아닌가? 설명이라고는 하지만 중요한 핵심은 슬쩍 넘기고 모호한 말로 얼버무리기만 하니, 도리어 불안감이 엄습했다.

허나, 그런 불안감도 그때 뿐이었다. 왜냐하면 우리를 태운 연락선이 한 시간 남짓 달리자 전후좌우로 깊고, 그리고 느리게 요동을 치기 시작했고, 우리는 누구부터랄 것 없이 심한 배멀미에 시달려야 했기 때문이다. 미군이 공격을 해 올지 어떨지 그런 것 걱정할 여유가 없었다. 아니, 미군이 공격해 오기 전에 배멀미로 먼저 죽을 것 같았다.

이윽고 '우웩', 게우는 소리가 들렸다. 그 소리가 기폭제가 되어, 나도 한계점을 넘고 말았다.

"우웩, 퉤, 퉤."

연락선 하단의 밀폐된 음습한 공간은 우리 피징용자들의 온기와 구토물로 축축함을 더해 갔다. 정말로 이대로 있다가는 뱃속의 모든 것을 쏟아내고 죽을 것만 같았다. 머리도 어질어질, 눈동자의 초점도 흐려지기 시작했다. 흐릿한 시야 속에 누군가가 입구 밖으로 나가려고 인솔대원과 실랑이를 벌이는 게 보였다.

'아 그래, 나가야 해. 이 공간에서 나가 바깥바람이라도 쐬면 좀 나아질 거야.'

나도 입구쪽을 향해 이동하였다. 이미 입구에는 여러 사람이 모여 있었다.

"잠시만 대기하라. 안전한 구역에 당도하면 밖에 나가도록 허용할 터이니, 그때까지는 실내에서 대기하도록."

인솔대원의 설명 따윈 필요 없다. 지금이 당장 '위험'한데, 안전권이라니? 이미 위험 수위를 넘어서 죽겠다고 '발광'하는 무리를 인솔대원 몇 명이 감당한다는 건 무리였다. 우리는 제지를 뿌리치고 위로, 위로 올라갔다. 통로에서 인솔대원들을 만났으나, 더 이상 우리를 제지하지 않았다.

마지막 문을 통과하여 갑판으로 나오자, 차가운 바닷바람이 전신을 휘감았다. 등골사이와 이마, 목덜미에 흐르던 식은땀이 순식간에 사라졌다. 나는 뱃전 난간을 부여잡고 눈앞에 펼쳐진 망망대해를 실눈을 뜨고 바라보았다. 과연 인솔대원 설명대로 연락선 좌우로 '욱일승천기'를 펄럭이며 해군 함정이 호위하고 있었다. 연락선 상공으로는 비행기 한 대가 초계비행을 하고 있었다.

"아이고, 죽다 살아났네, 그지?"

옆에서 호들갑스럽게 말을 걸기에 돌아보니, 부산역 광장에서 말을 걸었던 그 다부진 인상의 청년이었다.

"어. 정말로 배멀미라고 하는 것이 이렇게 힘들 줄은 몰랐어."

이미 구면인지라 나도 자연스럽게 대답하였다.

"난 사이모토 미노루라고 해. 우리 이름으론 최염이고."

"아, 나는 이연철이야. 이하라 李原 엔데쓰 淵哲."

이연철이란 친구는 고향이 합천이라고 하였다. 나이는 나와 같은 1923년생. 이번에 징용된 사람은 모두 1923년생만 선발되었다는 소리를 누군가 수군거리던 것이 기억났다. 일종의 '연령징용'이라는 녀석이다. 집안 형편이 어려워 경성으로 올라와 이곳저곳에서 일하다 영등포에 있는 방적공장에 취직했는데 그곳에서 징용장을 받았다고 한다. 나도 징용오기까지의 과정을 간단하게 설명하였다.

"그랬어? 그 국자누나란 분이 준 보따리엔 뭐가 들었는데?"

호기심에 가득 찬 눈빛으로 나의 양손을 쳐다보며 물어왔다. 아참, 그러고 보니 보따리를 풀어보지도 않았다. 게다가 그 보따리를 방에 팽개쳐 둔 채 뛰어나온 것을 알게 되었다.

나는 대답대신 그를 남겨 두고 선실로 도로 뛰어 들어갔다.

아뿔싸. 인솔되는 대로 그저 앞만 보고 따라갔던지라 어디로 들어갔었는지 기억이 나지 않는다. 당연히 어디에서 뛰쳐나왔는지도 알 리가 없다. 하는 수 없이 이 방 저 방을 기웃거리며 찾아다녔다. 그리하여 겨우 낯익은 얼굴들이 있는 선실을 발견하였다. 내가 앉았던 자리로 가 보았으나 아무것도 없었다. 보따리 두 개가 모두 사라지고 없었다. 이런, 큰일이다. 내 전 재산이나 다름없는 보따리에는 외할머니가 선물로 주신 모자와 손 떼 묻은 노트, 아버지의 새총, 그리고 철주 어머니가 주신 부적 등 여러 추억이 들어 있었는데. 국자누나의 보따리에는 무엇이 들어 있었는지 알지 못하기에 복잡한 심경이었다. 특히 국자누나와 아주머니의 정성을 외면한 것 같아 마음이 아팠다.

"왜? 아직 못 찾았어?"

양 손을 허리춤에 데고 기 막혀 하고 있는 차에, 연철이가 다가와 말을 걸었다.

"후~. ……"

연철이는 내 얼굴을 한번 힐끗 보더니, 내가 쳐다보는 방향으로 다가가 이곳저곳을 기웃거리며 내 보따리를 대신 찾기 시작했다.

"혹시 여기에 보따리 두 개 놓인 거 못 보았소?"

주위를 두리번거리며 묻지만, 귀찮다는 표정의 무성의한 대답만이 돌아왔다.

"그만 둬. 여기에 없으면 누군가 가져 간 거겠지. 잘 간수하지 못한 내가 잘못이야."

"아니~, 누가 남의 물건에 손을 대고 그러지, 손을 대긴?"

연철이가 목청을 높여 핏대를 세워 보였지만, 다 소용없는 일이었다.
나는 그의 팔목을 잡고 밖으로 나왔다.

"가만, 여기 없다면 누군가 갖고 갔다는 뜻이니까, 다른 곳을 찾아볼
필요가 있네?"

연철이는 포기할 수 없다는 얼굴로, 다른 선실로 들어갔다. 나는 너무
나도 속상하고 기가 막히기도 해서 통로에 선 채 한숨만 쉬고 있었다.

"야, 염아, 이리루 와봐. 이것, 이것 아냐?"

연철이가 통로에 서있는 나를 손짓으로 부르면서 바닥에 풀어헤쳐진
보자기를 가리켰다.

가만히 보니 국자누나가 내게 건넸던 그 고운 빛깔의 보자기라는 생각
이 머리를 스쳤다. 보따리는 풀어헤쳐진 채로 있었고, 속에 헝겊가지만
이 몇 가지 눈에 띌 뿐 나머지는 뭐였는지 알 수 없지만 사라진 것 같았
다. 헝겊가지를 손바닥에 놓고 풀어보자, 빨간 헝겊이 그 사이로 엿보였
다. 부적이다.

'아, 아주머니가 준비해 주신 것 같네.'

나는 푸는 것을 멈추고 다시 헝겊에 싸서 바지 주머니에 찔러 넣었다.
나머지는 속옷이 한 벌, 양말 한 족, 그리고 헝겊 끈이 하나, 그것이 전부
였다. 보자기를 다시 싸려고 들어보자, 종이봉투 하나가 툭 떨어졌다.

"어, 편지네."

연철이가 주워서 건네준다.

나는 편지를 받아 쥐고 그 자리에 앉았다. 봉투 속에는 두 장의 편지지가 들어 있었다. 편지는 국자누나가 내게 쓴 것이었다.

염이에게

염이가 일본으로 징용가게 됐다는 소식을 듣고 깜짝 놀랐어. 짧은 기간이었지만 함께 했던 동안은 누난 염이와 한 가족이 된 것처럼 너무 행복했단다.

내겐 고향에 부모님과 동생들이 있지만, 집 떠난 지가 너무 오래 되고 가족들과 만난 지도 까마득한 옛날이라 사실 외톨이나 다름없었어. 그러던 차에 고향 내 동생 또래의 염이가 우리 집에 오게 되자, 내 동생이 온 것 같았단다.

근데, 갑자기 염이가 징용간다고 하니까, 내 가족을 잃는 것처럼 하늘이 노래지는 거야. 아마 나는 내가 생각하던 것 이상으로 염이를 더 친동생처럼 생각했던가봐. 내 동생을 누나가 지켜 주지도 못하고, 끌고 가는대로 그저 넋 놓고 바라보기만 해야 한다는 현실이 너무도 분하고, 가슴이 미어져 참을 수가 없어.

염이는 잘 모르겠지만, 염이가 사진관에 취직이 되어 우리 곁을 떠날 때, 염이를 위해서는 정말 잘 된 일이라고 생각했지만 사실 마음이 아팠어. 그래서 실은 장보러 갈 때마다 염이가 잘 지내고 있는지 보려고 일부러 사진관 앞으로 지나가곤 했지. 일전에는 지방으로 출장을 가는지 승용차를 타고 떠나던데, 현관 앞에 삼각대를 놓고 가더라. 누가 집어가면 안될 것 같아 사진관 부인이 나타날 때까지 지키고 있었어.

　이젠 가까이서 염이를 지켜볼 순 없지만, 마음속으론 항상 네가 건강하고 무사하길 빌고 있을 거야. 아주머니도 너를 위해 항상 기도한다고 하시네.

　이건 별거 아니지만, 낯선 곳에서 생활하는 데 쓰도록 준비한거야. 양말은 네 켤레를 준비했어. 곧 겨울이 될 거니까 발이 시리지 않도록 두꺼운 것은 두 켤레를 마련했고, 미숫가루와 꿀은 가끔 출출할 때 타 먹도록 해. 그리고 내복 한 장은….

국자누나의 편지는 준비한 물건들의 명세와 당부로 이어졌다. 그리고 마지막 부분에 아주머니가 아드님을 위해 준비했던 것처럼, 나의 무사 귀환을 기원하며 손수건을 준비했다는 전갈도 잊지 않았다. 눈물이 나왔다. 편지지가 그만 얼룩지고 말았다.

"에잇, 나쁜 사람들… 남의 물건에 손을 데고 말이야."

옆에 있던 연철이가 내 대신 화를 냈다. 내가 피식 웃으며 "그만해, 누구든 고맙게 사용한다면 누나도, 아주머니도, 행복해 할 거야."라고 달래 주었다.

진심이었다. 나라를 빼앗기고, 토지를 빼앗기고, 가족을 빼앗기고, 아무것도 남지 않은 사람들이 얼마나 많을까. 나야 걱정해 주는 좋은 이웃이 곁에 있지만, 그마저도 없는 사람들이 또한 얼마나 많을까. 그런 사람이 '주운 것'이라면 다행이다. 요긴하게 사용될 테니까.

12명의 동료

　　　　　　　　　　　　우리가 승선한 연락선은 시모노세키下關가 아닌 하카타博多항에 도착하였다. 배멀미로 속을 '완벽하게 비운' 우리는 거의 기진맥진한 상태로 일본 땅을 밟았다. 다행이라면 조선에서 '응징사應徵士'가 당도하였다며 일본 부인회에서 주먹밥을 준비해 준 것이다. 여기저기 '일시동인一視同仁'의 성지聖旨를 받들어 총후에 매진하자는 내림막이나, '반도半島 응징사 환영'이라는 현수막이 걸려 있었지만 별로 감흥이 없었다.

　하카타역에서 임시열차로 다시 갈아탄 후 간몬關門터널을 지나 히로시마역에 도착한 것은 10월 6일이었다. 히로시마역에 도착해 보니 거기서도 하카타항에서 본 광경이 재연되고 있었다. 우리는 역 앞 광장에서 인원점검을 받고 대열을 지어 최종 목적지를 향해 행진했다.

　처음엔 도보로 이동하기에 작업장이 매우 인접한 곳에 있는 줄로 알았다. 그렇지 않았다.

　"어이쿠 죽겠구만. 벼락 멕이지도 않고 언제꺼정 걷게 할 껀겨."

　누군가의 입에서 불만의 소리가 새어나왔다.

　"그러게 말야. 게다가 뭐가 이리 더워."

　"여긴 10월인데도 따뜻하네. 우리같이 돈 없는 가난뱅이가 살기에 딱 좋겠어."

　우리는 장시간 이동에 지칠 대로 지친 심신과 무료함을 이야기로 풀기 시작했다.

히로시마의 하늘도 우리 하늘만큼 푸르고 높았다. 거리 거리의 빌딩과 가옥들이 우리와는 사뭇 다른 풍경을 그리고 있었지만, 반짝이며 흐르는 강물과 바람결에 흩날리는 나뭇잎은 너무나도 눈에 익은 풍경이었다. 나는 동료들의 재잘거림을 건성으로 들으며, 히로시마의 풍경과 인사를 나누었다.

2층 목조로 급조된 듯한 숙소에서는 아직도 나무냄새가 진동하였다. 방바닥에 깔아놓은 '다다미疊, 짚을 단단하게 엮어 만든 매트'도 모두 새것이고, 요나 이불도 신품이었다. 학교 교사校舍처럼 장방형으로 길게 늘어선 건물이 몇 동이나 될까? 마치 공장처럼 한 없이 이어졌다.

숙소는 '히가시료東寮'와 '니시료西寮', '미나미료南寮'와 '호쿠료北寮'로 구분되어, 미쓰비시 기계제작소는 '히가시료'와 '니시료', 미쓰비시 조선소는 '미나미료'와 '호쿠료'를 사용하였다. '히가시료'와 '미나미료'는 일본인 거주 숙소였고, 조선에서 강제동원된 우리들은 모두 '니시료'와 '호쿠료'에 거주하였다. 일본인과 조선인이 섞이는 일은 없었다.

나와 같이 10월에 동원된 사람들은 모두 조선소 근무로 '호쿠료'에 수용되었다.[1]

일본 '다다미' 10장이 깔려 있는 한 방에, 약 12명씩이 배정되었다. 처

1) '반도응징사' 지도원으로 근무했던 일본인 후카가와 무네토시(深川宗俊)에 의하면, 미쓰비시 기계제작소의 경우 1944년 5월, 8월에 각각 700명, 조선소의 경우 동년 7월, 10월에 각각 700명, 총 2,800명이 강제동원되었다고 진술하고 있다.(深川宗俊,『海に消えた被爆朝鮮人徵用工ー鎭魂の海峽ー』, 明石書店, 1992년)

음에는 동원되어 온 지역별로 나누어 방 배정을 하더니, 얼마 지나지 않아 재배정이 이루어졌다. 나는 2중대 2반에 배정되었다.

방 배치를 새로 받고 들어온 동료들은, 처음에는 서로 낯선지라 벽을 등지고 앉아 서먹서먹하게 바라보기만 하였다. 그러자, 짙은 눈썹에 이목구비가 큼직큼직한 한 녀석이 모두 앞에 서서 말문을 열었다.

"아마도 이제부터 일년간은 함께 지낼 것 같은데, 우리 통성명이나 하며 친하게 지내자구. 내 알기로는 이번에 징용된 사람들은 모두 다이쇼 12년생1923년이라구 하더만. 우리 모두 동갑내기이니 말도 트고. 내 이름은 요카와 한세이陽川範晟. 경기도 연천에서 나고 자랐어."

한세이, 범성이라는 친구가 우리를 둘러보며 자기소개를 하자, 자연스럽게 그 다음으로 이어졌다.

"나는 사이모토 미노루崔本 稔. 태어나고 자란 곳은 충남 당진이지만, 경성에서 일하다 징용장을 받고 왔어."

"경성에서 무슨 일을 했는데?"

"어허 그 사람 참, 일단 자기소개부터 하고난 다음에 질문합시다."

범성이가 돌출발언에 제재를 가했다.

"앗, 죄송. 나는 아라이 도슈新井東秀라고 해. 경성에서 왔어."

어느 새 말문을 연 범성이가 사회자가 되어 일동의 통성명이 끝났다. 살던 곳을 종합해 보니 모두 경성, 경기도 일대였다. 파주골 가네무라 에이칸金村永煥, 가네시로 데쓰金城 哲, 평택의 이모토 분기치李本文吉, 김포 마쓰바라 헤이쇼松原秉昌, 여주 하야시 슌기치林春吉, 수원 마키야마 다이칸

牧山太煥, 야스다 에이슌安田英俊, 가평 하리모토 기타이張本基太, 이천의 야나기하라 에이텐柳原瑩天.

 가만히 이야기를 나누는 사이에 각자의 공통점이 하나 둘 확인되었다. 우선은 앞서 말한 것처럼 경성과 경기도 일대에서 동원되었다는 점, 둘째는 모두 1923년생이라는 점, 일명 '연령동원'이라는 녀석이다. 셋째는 모두 보통학교 이상의 학력을 지니고 있다는 점, 따라서 대부분 일본어 소통이 가능하다는 점이다.[2] 사실, 히로시마에 와서 현지 일본인들과 대화를 하다보면, 동경의 표준어를 사용하는 우리들이 사투리 투성이인 자신들보다 발음이 좋다고 부러워하는 말을 듣는 경우가 종종 있었다.

 대충 방안의 분위기가 무르익어가자 각자의 영역도 확정됐다. 나는 입구에서 가장 안쪽으로 자리를 잡고 보따리를 풀어 놓았다. 아라이 도슈, 즉 동수라는 친구가 슬그머니 다가오더니 넉살좋게 "이 자리, 아직 비었지?"라며 대답도 듣지 않고 똬리를 틀었다. 내 맞은편에는 예의 그 이목구비가 시원시원한 범성이가, 그 큰 눈을 부릅뜨며 성큼성큼 걸어와선 털썩 주저앉았다. 마치 내 자리니까 다들 넘보지 말라고 위협하는 듯했다. 이 이웃들이 나의 가장 친한 친구가 되었다.

- - - - - -

2) 山田昭次, 「朝鮮女子勤労挺身隊の動員と鉄鋼業への朝鮮人男子の戦時動員との比較検討―日本, 内地の工業分野への朝鮮人戦時動員方式の特徴について―」『한일민족문제연구』 제9호, 2005년에 의하면, 군수공장 등에는 "기술을 습득하는 데 학력, 특히 일본어 능력을 갖춘 자"가 필요했으며, 탄광·광산은 "고도의 기술을 필요로 하지 않고, 교육이 있는 자는 반항하기 쉽기 때문에" 작업장 배치에 주의를 기울였다고 한다.

조선인 숙소가 있었던 자리. 현재 미쓰비시중공업 부지로서 미쓰비시 관련 건물들이 들어서
있다. 2005.12.8. 촬영

기숙사에서의 생활은 기상, 점호, 하루치 식권배부, 조식, 소대단위 출근으로 시작되고, 퇴근 후에는 석식, 목욕, 자유시간, 점호, 취침으로 이어졌다.

새로 방배정이 끝난 첫날밤, 목욕을 하러 통로로 나가다가 연락선에서 만난 합천출신을 다시 만났다.

"이게 누구야, 반갑네. 도착하구선 어디로 배정되었나 했더니 같은 중대였네. 근대 방이 어디야?"

연철이란 친구는 3반, 바로 옆방이었다.

"이런 인연이 다 있나. 바로 옆방이었구나. 심심하면 왔다갔다 하면 되겠네. 목간하러 가나? 같이 가세."

연철이는 목욕하는 중에도 히로시마에 도착 후 자신이 보고 느꼈던 점을 보고하듯 떠들어댔다.

"일본놈들, 거지들도 죽지는 안컸어."

"……"

"생각해봐, 11월이 되었는 데도 여직 따뜻하잖아? 얼어 죽을 리 없을 테니까말야…"

정말로 그랬다. 아침저녁으로 선선한 기운은 있었지만, 대낮의 햇빛은 여전히 따뜻하고 포근했다. 갑자기 고향집 툇마루에 쏟아 내리던 햇빛이 그리워졌다.

"글구 말이야, 미국을 상대로 뭔 전쟁에서 이기겠다고 이 난린지 모르겠어. 길거리를 보니까 온통 여자뿐이대, 남자는 하나도 없어. 사내들은 온통 전장터에 보내버리고, 아예 씨를 말려버린 것 같애."

내 귓전에 대고 속삭이듯 말했다.

사실, 미쓰비시 조선소에 있는 일본인들도 전역한 군인이거나, 나이들은 기술자, 군 입대전의 학생들이 대부분이었다. 길에서 마주치는 남자들도 대개 이와 비슷했다.

"어이, 거기서 뭐 하는게야! 밤 샐거야."

갑자기 호통치는 소리에 둘은 깜짝 놀랐다.

그리고 보니 주위가 조용하다. 그새 모두 목욕을 끝냈고, 우리 둘만 얘기에 빠져 덩그러니 남아 있었던 거였다.

이후, 연철이는 틈만 나면 우리 방으로 얼굴을 내밀었다.

보다 못한 가네무라가 큰소리로,

"소대장님!! 여기 2반은 정원이 13명으로 늘었는데 어찌 좀 해보소."

라며 농담을 던졌다.

목욕을 가는 시간에도 대개는 연철이가 동행하였다.

사람의 인연이란 따로 정해져 있는 모양이다. 연철이는 작업장도 나와 같은 곳으로 배치되었다. 부산에서 시작된 인연이 작업장까지 연결되었던 것이다. 남녀였다면 부부의 연이라도 맺을 판이었으리라. 작업장에 출근하던 첫날, 연철이는 히죽히죽거리며 자기랑 같이 있게 된 걸 영광으로 알아라, 힘든 일 있으면 내가 도와주마, 모르는 건 내게 상의하라는 등 농을 던져왔다.

시간이 지나자 차츰 히로시마시의 윤곽이 머릿속에 그려졌다. 히로시마시는 일종의 델타지역_{삼각주}으로 오타가와_{太田川}가 퇴적되어 만들어진 지역이다. 시 한가운데를 오타가와가 여러 갈래로 갈라져 흐르고 있었다. 미쓰비시 히로시마조선소는 히로시마시 서단을 흐르는 오타가와 방수로와 덴마가와_{天滿川} 사이의 간온마치_{觀音町}와, 덴마가와와 혼카와_{本川} 사이의 에바초_{江波町}에 위치하고 있었다.

간온마치에는 우리들이 묵고 있는 기숙사와 선박에 들어가는 기관이나 각종 설비 등을 제작하는 기계제작소가 위치했고, 덴마가와를 건너 에바초 남단에는 조선소가 위치하였다.

서료에 수용된 조선인 징용공은 모두 기계제작소에 배치되었고, 우리들 호쿠료_{北寮}에 수용된 징용공은 모두 조선소 근무였다.

아침 출근시간이 되면, 조선소에 배치된 우리들은 소대별로 점검을 받고 4열 종대를 형성하여 30분 거리를 도보로 이동하였다. 간온마치와 에바초를 잇는 쇼와_{昭和}대교를 건너 조선소 가는 방향으로 가노라면 조선인 함바_{飯場}와 마주쳤다. 이들은 대개 조선에서 토지를 잃고 생활의 터전을 찾아 도일한 사람들로, 개중에는 미쓰비시에 현지 징용된 사람들도 있었다. 1중대 니시하라_{西原} 중대장이 그 중 하나였다.

"어이, 사이모토, 저기 조선사람인가봐. 치마저고리를 입고 있어."

처음 함바 앞을 지나다, 무명 치마저고리를 입은 아낙네를 보고 신기하듯 연철이가 물어왔다. 그냥 한눈에 봐도 알 수 있는걸, 굳이 물어오긴.

"일본으로 건너와서 살고 있던 사람들이 있으니까 그렇겠지."

건성으로 대답했지만, 나 역시 내심 반갑기도 하고 신기하기도 했다.

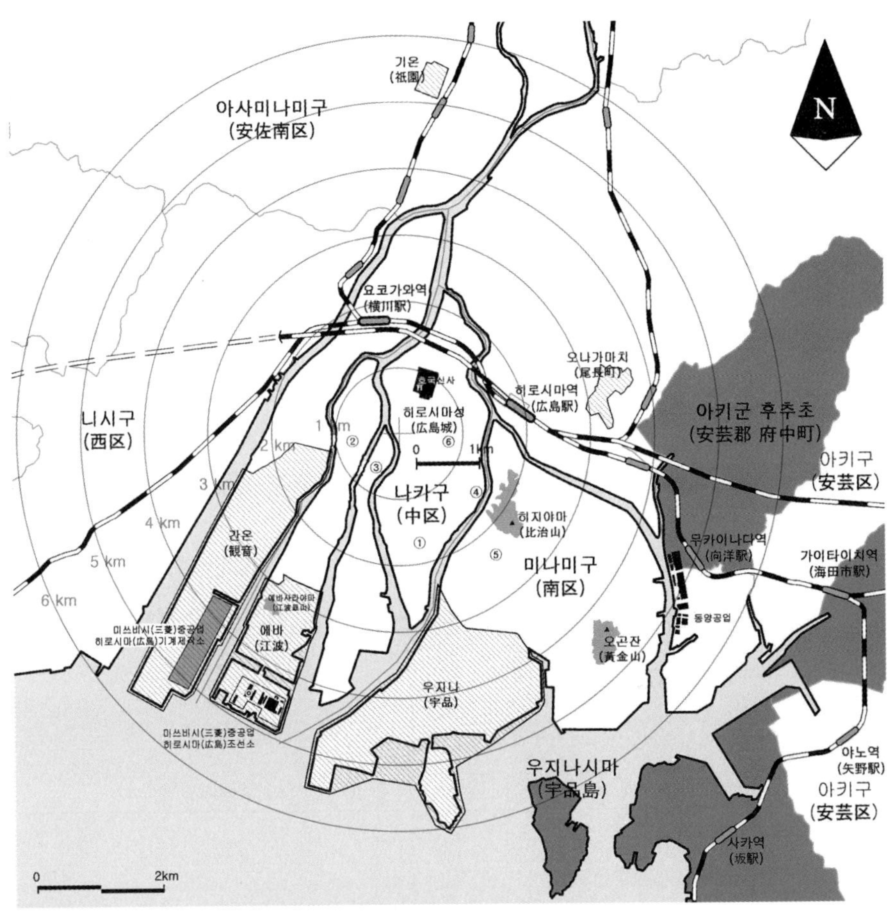

히로시마시 지도. 원자폭탄 투하로 인한 피해를 보기 위해 폭심지를 중심으로 피해 반경을 표시

일본땅에서 우리 외의 조선사람을 만난다는 것, 마음 든든한 게 정신적으로도 위안이 되었다.

히로시마 조선소는 일명 '히로8101공장'으로 불렸다. 적에게 무슨 군수공장인지 노출을 피하기 위하여 일종에 암호식으로 명명되었기 때문이다. 기계제작소는 '히로8501'. 그런데 숫자는 기밀유지가 필요한 사항정도에만 국한시키지, 징용공에까지 번호를 부여하여 귀찮기 짝이 없었다. 죄수가 된 것 같아 기분도 영 더러웠다. 나는 110151번. '주이치만 햐쿠고주이치반'을 입에 달고 살았다. 젠장, 이름을 부를 것이지, 게다가 번호는 왜 또 이리 긴지.

그러나 도리가 없었다. 작업장 근태상황이나 식권교부, 월급봉투도 모두 이 일련번호로 관리하기에 참고 익혀야 했다. 우리끼리 장난으로 "야너 어디 사는 누구야?"라는 헌병검문에, "히로 하치이치마루이치8101에 근무하는 주니만센삼뱌쿠니주고121325입니다. 지금 주만니햐쿠이치100101의 지시로 주이치만햐쿠이치110101와 함께 주삼만산젠산주욘133034에게 가는 중입니다. 이러면 잘도 알아 먹겠다"라며 까불댔다.

내게 배짓는 일은 정말로 생소하다. 포목상에서 머슴처럼 지내다 겨우 사진관 견습생이나 해 본 경험밖에 없는데, 갑자기 도면을 보고 공구를 다루고 기계를 움직여 배를 짓다니 정말 말도 안 된다. 물론 회사에서는 부서별로 교육이 있었다. 구미초組長를 중심으로 한개 조組를 약 20명 정도로 편성하여 구미초 책임하에 기술전수와 작업이 동시에 이루어지는 것이었다. 과연, 짧은 시간에 효과가 있었다. 어느새 다들 한몫 하는 기술자가 되어 갔던 것이다.

다만 그렇다고 하여 회사측이 기술자로 인정해 주는 것은 아니다. 조선인은 대체로 단순작업이나 위험한 장소에 배치하는 경향이 있어서, 이미 그런 기대감도 없었고 사명감을 갖고 달려들지도 않았다. 그래야할 의무도 사실 없었다. 전쟁에서 대일본제국이 이겨야 대동아공영의 꿈이 실현된다고 떠들고 야단인데, 우리 조선과 조선인에게 그게 무슨 의미가 있을까 의구심만 들 뿐이다.

"시건방진 녀석들, 머리에 피도 안 마른 녀석이 이래라 저래라, 내가 지 종인가?"

작업을 마치고 숙소로 돌아와 식사를 하는 자리에서 파주골 가네무라 에이칸, 영환이가 분통을 터뜨렸다.

"무슨 일인데?"

동수가 젓가락을 입으로 가져가며 영환이를 힐끔 쳐다보고 물었다.

"우리 구미 일본놈들 말이야, 지까짓게 뭔데 용접 좀 한다고 말야, 온갖 심부름을 내게 다 시켜요."

영환이가 건너편 남료 식당을 노려보며 핏대를 세웠다.

"그래 생각해 보면, 이 자슥들이 싸가지가 없어. 아니 뭐 '하루바루 니 혼마데 기테 이다다끼 마코토니 아리가또 이역만리 일본까지 와 주어 감사합니다' 어쩌구 저쩌구 하면서 말야, 허구헌날 바다를 메꾸라 하지 않나 구뎅이를 파라고 하지 않나, 뭐 우리가 지들 머슴인가."

"조선은 일본놈 머슴이잖아. 머슴 시킬려고 잡아먹었던 거 아냐?"

연철이가 빈정거렸다. 동수가 누가 들을까 겁난다는 표정으로 연철이의 입을 막는 시늉을 했다.

실제로 우리는 머슴처럼 부려졌다. 미군의 공습으로 철강공급이 순조롭지 않아 작업이 더디게 진행되는 동안, 간온마치 공장부지 매립현장에 투입되기 일쑤였던 것이다. 한마디로 미쓰비시 조선소는 바다를 향해 그 영역을 넓히고 있는 중이었다. 한번에 툴툴 털면 사라지는 식사 한 끼 먹여놓고, 땡볕에 식욕왕성한 청년들을 부려먹고 있었으니, 볼멘소리가 나오지 않는 게 오히려 신기할 따름이다.

잠자코 시종 지켜보기만 하던 범성이가 입을 열었다.

"누구야 걔가? 그 시건방진 일본놈이…"

그 후 딱 이틀이 지난 저녁이었다. 그날따라 파주골 영환이가 싱글벙글. 늘 식사가 부족하다며 짜증이던 그가, 무슨 조화인지 자기 것을 덜어서 범성이 그릇에 담지 않는가.

"이게 뭔일이래?"

눈이 휘둥그레져서 물은 건 연철이다. 연철인 누가 무슨 말을 해도 우리 2반에서 아예 살다시피 했다.

"야! 너 그것만 먹고도 괜찮겠어?"

연철이가 납득이 가지 않는다는 표정으로 물었다.

"아~, 그럼. 나야 이미 사랑으로 이 배를 가득 채운 사람이다. 아하하하."

뭔 말인지 통 모르겠는 건 연철이만이 아니었다. 단, 범성이만은 아무런 말도 없이 영환이가 덜어준 밥을 덥석 받아먹었다. 마주 앉은 영환이가 "더 줄까? 많이 먹어"하며 연신 애교다. 둘 사이에 뭔가가 있었음에 틀림없다. 그리고 그 의문은 생각보다 간단히, 아주 간단히 풀렸다.

다음날 아침, 조선소로 향하기 위해 정렬하다가 우연히 영환이가 속한 구미를 목격하게 되었다. 그런데 대열 중 한 놈의 눈 주위와 광대뼈부분이 검보랏빛으로 물들어 있고, 입술 아래가 퉁퉁 부어 있는 게 눈에 들어왔다. 겁에 질린 눈동자, 아예 이쪽으론 시선도 주지 못한다. 순간 나는 '아, 바로 그 녀석이군' 하는 생각이 머리를 스쳤다. 나는 범성이를 바라봤다. 범성이가 나와 눈이 마주치자 한쪽 눈을 찡긋 감아 보인다. '짜식~' 나도 씨익 웃어보였다.

적대감

우리 조에는 조선인이 두 명 배치되었다. 나머지는 구미초組長를 포함하여 모두 일본인이었다. 구미초는 스즈키 이치로鈴木一郎 씨로, 나이는 어림짐작으로 50대 중반 정도. 동그란 잠자리 안경을 항상 코끝에 걸치고 부품을 연마하는 모습은, 오랜 세월 한우물만 파온 장인匠人, 바로 그거였다.

스즈키 씨는 말수가 매우 적었다. 작업을 지시할 때도 설명보다는 행동으로 대신하는 경우가 더 많았다. 이건 이렇게, 저건 저렇게 하라는 듯, 한번 눈빛만 마주친 다음에 공구를 손에 잡고 두어 번 작업을 하고는 공

히로시마 호국신사를 참배하는 미쓰비시 히로시마 조선소의 조선인 응징사들

구를 건네주면 그만이다. 공구를 잡는 순간, '이제 어떻게 하는지 알았지. 자, 한번 해봐'라는 말이 정말로 신기하게 전달되었다.

웃는 모습을 본 적도 없다. 작업 중 부품이 전달되는 약간의 시간이나 점심식사 시간에는 모두들 날씨이야기나 고향소식, 전황, 개인사 등, 조금만 관심을 가지면 전에 들었던 같은 이야기를 반복하며 시시덕거렸는데, 스즈키 씨는 함께 이야기를 나누지도 않을 뿐더러 모두로부터 조금 떨어진 곳에 혼자 앉아 늘 생각에 잠겨 있었다. 그래서 일본인들은 그를 '무인도'라고 놀려댔다.

우리 조선인들이 하는 작업이라고 해봤자, 대개는 부품을 날라주거나 공구를 전달해 주는 일종의 심부름이었다. 딱히 기술이나 재능이 필요

98

치 않은, 누구라도 할 수 있는 일이 대부분이다.

"세상에나, 이 전황에 일손이 모자란다며 예까지 데려와 놓고는 고작 심부름? 허참, 어이가 없구만"

앉기가 무섭게 연철이가 너스레를 떨었다. 오전 작업을 거의 마칠 무렵, 부품이 동이나 작업시간에 공백이 생겼다. 모두 작업대 근처 바닥에 털썩 주저앉아 뻣뻣해진 다리를 쉬고 있었다. 연철이와 나도 공장 벽면 구석진 곳에 자리를 잡았다.

"그러게 말이야. 지들은 뭐 대단한 일을 하는 것처럼 으스대기는."

내가 맞장구를 쳤다.

"그건 그렇다고 쳐. 근데 왜 지들은 부품이나 다듬고 깎는 일을 하면서, 힘들고 위험한 일은 우리에게만 시키는 감? 내선일체內鮮一體, 내선일체, 지들과 우리랑 모두 똑같다매?"

연철이가 일본인 애들이 앉아 있는 쪽을 힐끗 쳐다보며 볼멘소리를 했다.

"야, 들리겠다. 쫌 조용히 말해."

일본인 무리 중에 한 놈이 한쪽 눈을 치켜세우며 이쪽을 쳐다보았다.

그들과 우리가 섞이는 일은 거의 없었다. 항상 그들은 우리 둘과 보이지 않는 '선'을 분명하게 긋고 있었다. 쉬는 시간이나 식사 시간, 심지어 작업 시간에도 우리와 그들은 같은 장소이나 별개의 공간에서 생활하고 있었다. 그것은 명확하게 의도된 행동이었다. 우리의 이름을 부른 적도 내 기억에는 단 한 번도 없었다. 그저 '어이, 거기' 또는 '잠깐'이 보통이었다. 시건방진 것들. 연철이와 나도 그들의 이름을 부르지 않았다.

그러던 어느 날 사건이 터지고 말았다. 점심식사 시간의 일이었다.

나와 연철이는 점심시간이 되면, 모두의 식권을 들고 조선소 식당에서 배급을 받아 가지고 왔다. 그건 당번제가 아니라, 순전 연철이와 나의 업무였다. 숙소에서 이야기를 들어보니 대개 다른 '구미'의 경우도 사정은 비슷하다고 하였다.

그날, 국이 든 양동이와 국자를 들고 연철이가 내 뒤를 따라오는데, 바닥에 주저앉아 식사를 기다리던 일본 놈 한 명이 연철이의 다리에 슬그머니 자기 발을 들이밀었다. 순간 연철이의 왼발이 놈의 발끝에 걸려 몸의 중심을 잃고 말았다. 연철이는 다시 중심을 잡으려 했지만 이미 늦었다. 양동이와 함께 바닥에 곤두박질을 치고 말았다. 된장국과 무조각 건더기가 부채꼴 모양을 그리며 바닥에 흩어졌다. 내용물을 잃은 빈 양동이가 요란한 소리를 내며 바닥에 굴러갔다.

순식간에 일어난 일에 연철이는 난감한 표정을 지으며 자리에서 일어났다.

그때 된장국 국물이 작업화 위에 튀어오른 것을 내려보던 가토加藤가 천천히 고개를 들어 연철이를 쳐다보았다. 녀석의 얼굴이 붉으락푸르락 일그러지는가 싶더니 연철이 쪽으로 다가왔다. 그리고 동시에 녀석의 손바닥이 허공을 갈랐다. 철썩하는 파열음이 넓은 작업장에 진동하였다. 연철이는 다시 한번 중심을 잃고 뒤로 넘어갔다.

나는 도시락통을 바닥에 놓고 연철이에게 달려가 괜찮냐고 물었다. 꾹 다문 입 사이로 빨간 피가 진득하니 고여 나왔다. 잔뜩 힘이 들어간

코에서도 한줄기 피가 흘러내렸다. 녀석을 째려보던 연철이의 커다란 눈망울이 나를 향했을 때, 물방울이 내 손등을 스쳤다.

'난 괜찮아.'

소리를 낸 것은 아니지만 그의 눈은 내게 말해 주고 있었다.

"조센징 녀석. 니가 감히 여기가 어딘 줄 알고. 이게 같이 일한다고 해서 나를 만만하게 보는 모양인데, 너 같은 조센징 녀석들은 감히 올 수도 없는 곳이야. 알았어!!"

가토 뒤로 일본 놈들이 가세하듯 몰려왔다. 연철이의 발을 걸었던 녀석은 시종 즐거운 듯 키득거리고 있었다.

"더러운 조센징 놈. 이 국물자국이나 닦아."

연철이는 잠시 주춤하더니 내가 만류하는 걸 뿌리치고 가토의 내민 발쪽으로 향했다. 조선놈들 하는 짓 좀 보라는 듯이, 가토는 자기를 에워싼 일본인들을 힐끗 돌아보았다. 입가에는 냉소와 오만함이 가득하였다.

연철이는 오른손 어깨를 움츠려 낡고 헤어진 노무복 안으로 팔을 집어넣더니, 소매끝자락을 잡았다. 옷을 걸레 대용으로 할 심산이다. 연철이의 손이 가토의 발에 닿으려는 순간, 갑자기 퍽! 하는 둔탁한 소리와 함께 연철이의 몸이 다시 뒤로 넘어갔다.

"야, 누가 그 더러운 손으로 닦으랬어, 엉? 네 혀로 핥아."

연철이에게 발길질을 한 가토의 얼굴은 이미 사람의 얼굴이 아니었다.

"너무 하잖아! 일부러 넘어진 것도 아니고, 실수로 그런 것인데 이건 너무한 것 아냐? 국이야 다시 받아오면 될 것이고, 사람이 넘어졌으면

어디 다친 곳이 없는지, 그걸 먼저 살피는 게 사람으로서의 도리 아니겠
어?"

나는 연철이가 발에 걸려 넘어진 것을 목격하진 못했지만, 녀석들의 행
동은 의도적인 시비임을 짐작하고도 남음이 있었다.

"뭐라구? 사람? 나참, 어이가 없어서… 니들이 사람이냐? 이런 말 못
들어 봤어? '정어리가 생선이냐? 조센징도 사람이냐?'라는 말. 엉?"

가토가 내 어깨를 손으로 툭 밀치면서 내뱉었다. 히죽거리던 다른 놈들
도 웃음을 거두고 다가왔다. 금새 연철이와 나를 가운데 두고 가토를 위
시한 나머지 일본인들이 에워싸는 모양새가 되었다.

"왜? 네가 대신 핥을 거야? 아니면, 나서지 마! 집도 절도 없는 조센징
주제에 같은 피가 흐른다고 거들기는… 네가 아무리…"

가토의 말이 채 끝나기도 전에 나의 머리가 가토의 턱을 가격하고 있었
다.

"욱…"

가토의 짧은 신음소리와 함께 나와 가토는 하나가 되어 차가운 시멘트
바닥으로 나동그라졌다.

소작농의 아들로 태어나

연철이는 경상남도 합천에서 태어났다. 부모님도 경상남도 합천에서 나고 자랐다. 당시 다른 사람들도 거의 마찬가지였지만, 연철이 아버지도 얼마 되지 않은 논마지기를 지주地主에게 빌려 대신 경작하며 생계를 이어가는 소작농小作農이었다. 그런데 해가 가면 갈수록 소작료가 올라 경작물의 대부분은 땅주인에게 넘어가고, 고작 남는 것이라고 해봤자 가족 7명이 두어 달 먹을 정도의 양식뿐이었다.

소작농은 상승한 소작료를 충당하고, 나아가 자신의 몫도 더 챙기기 위해서 경작물 작황을 좋게 해야 하는데, 그러기 위해서는 비료를 투입하여 토지를 비옥하게 해야 했다. 당장 비료를 구입할 금전수입이 필요하다. 허나 고작 두어 달 먹을 양식밖에 없는데 무얼 팔아서 돈으로 바꾸겠는가. 그뿐만이 아니다. 오랫동안 사용해 온 낫이나 괭이, 호미 등 경작에 사용되는 도구도 갈아줘야 한다. 돈 들어갈 구석은 많은데, 현금수입을 올릴 방도는 답답하다.

그리하여 연철이 어머니가 틈날 때마다 빨래감이나 삯바느질감을 얻어다 대신 해주고, 그 삯을 받아 현금을 변통하였다. 그러나 이것도 한계가 있었다. 왜냐하면 마을 사람들도 대개는 사정이 엇비슷한지라 서로 일감을 필요로 하였고, 그 바람에 제살 깎기식으로 품삯이 싸졌을 뿐만 아니라 돌아오는 일감 자체도 얻기 어려워졌기 때문이다.

종국에는 대부업자 김영감의 비위를 맞춰가며 돈을 빌리는 수밖에 없었다.

참고로 말하자면, 그리하여 비료를 퍼다부어 수확량이 늘었다 치자. 수확량이 늘면 소작료를 제하고 남은 몫이 많아질 것 같으나, 그렇지가 않았다. 수확이 잘 되면 잘된 만큼, 내 땅이 비옥한 덕분이니 그만큼 더 내라는 압박이 따르기 마련이다. 이래저래 소작인은 지주의 밥이다.

김영감은 원래 읍내사람이다. 그런 그가 타는 듯이 더운 8월의 어느 날, 느닷없이 일본인을 대동하고 마을에 나타났다. 연철이는 그때의 장면을 너무나도 선명하게 기억하고 있었다.

"그 일본인이 말이야, 나는 생전 처음 보는 일본인인데, 복숭아처럼 피부가 뽀얗고 수염도 어찌나 멋진지, 이 사람은 보통사람이 아니구나 라는 느낌이 바로 들더라고. 특히 그 김영감이 말이야, 나는 김영감 이름도 몰라, 모두 그렇게 부르니까 그런가 보다 하는데, 그 김영감이 일본인 뒤에서 연신 뭔가를 설명하며 부산스럽게 맴돌더라구. 그 모양을 보고서, 아 뭔가 있는 사람이구나 하는 확신이 서더라구."

연철이는 땔감을 주우러 민둥산이 되어 버린 마을 뒷산을 헤매다가, 20리나 되는 영천골 까치산까지 갔다가 돌아오던 참이었다. 자기 키를 훨씬 넘는 지게를 진 채, 동네 아이들과 함께 그들 뒤를 졸졸 따라다니며 구경하던 것이 엊그제 일처럼 선명하다며, 당시를 생각하면 웃겨 죽겠단다.

"그땐 왜 그랬는지 모르겠어. 매일같이 일상이 똑같이 반복되는 산골마을에, 자동차란 것도 처음 봤지만, 일본사람도 처음 본 거라. 그냥 집

에 있던 애들까지 모두 뛰쳐나와서, 그 둘을 졸졸 따라다니는 거야. 젖동이 동생을 들쳐 업은 아이, 떡 감다 온 아이, 나처럼 지게 진 녀석, 뭐 별의별 아이들이 다 모인거지. 저쪽 산 너머를 향해 뭐라 하면, 애들도 일제히 그쪽을 바라보며 쑤군대고, 이쪽 논두렁으로 이동하면 일렬로 쭈욱 '나라비並び, 열을 지어서다'를 서가지고 따라가고. 뭐 지나가는 사람이 보면 아마 선생님이랑 소풍이라도 가나보다 하고 생각했을 거야."

그로부터 1년이 지나고 김영감이 마을에 다시 나타났다. 일본인 지주의 지배인 자격이었다.

"그때부터 김영감이 마을 농지를 모두 관리했어. 소작료를 결정하고 걷는 것도, 소작지를 배정하는 것도 모두 김영감이 했지. 뭐 절대 권력자였어. 어른들 말로는 거 뭐더라. 일본말로 '사하이差配'라던가, 뭐 그런 거였다고 하더군."

김영감에게 돈을 빌리지 않은 마을 사람은 아마도 거의 없었을 것이다. 그런데 이것이 돈을 빌리고 갚고 하는 것이 아니라, 일단 한번 빌리고 나면 개미지옥에 빠진 것처럼 헤어나지 못하니 기가 막힐 노릇이다. 왜냐하면 워낙 높은 이자를 내고 빌리다 보니, 어찌어찌 해서 원금을 갚는다 하더라도, 원금보다 더 많이 불어난 이자가 남게 되어 사실상 갚는다는 것이 불가능해지기 때문이다. 게다가 가뭄이 들던 홍수가 나던, 소작료는 고정되어 있었기에 수확량이 적어지면 소작인들에게 돌아오는 분이 상대적으로 더욱 적어져, 아예 일가가 파탄이 나는 일도 많았다.

연철이네 사정도 마찬가지. 그래서 땅에만 의지했다가는 일가 파산을

면치 못할 것 같아, 아버지는 농사일 외로 수입이 될 만한 일거리라면 닥치는 대로 일을 했다. 집안에서 그나마 일손을 거둘 수 있는 건 아버지와 어머니, 연철이 뿐. 아직은 나이 어린 동생들이 할 수 있는 일이 없을뿐더러, 아버지는 동생들에게까지 고되고 힘든 노동일을 시키고 싶어 하지 않았다.

일본이 미국을 상대로 태평양전쟁에 돌입했다는 소식이 전해지고 난 후의 생활은 더욱 어려워졌다. 일본제국의 전 신민들이 일치단결하여 총력전으로 '미영귀축美英鬼畜'을 박살내야 한다며 온갖 공출供出을 강화하니, 가뜩이나 어려운 살림살이가 더욱 버거워진 것이다.

제일 힘든 건 굶주림이다. 턱없이 부족한 식량에 아버지와 어머니, 연철이야 어떡하든 참아본다고는 하지만, 동생들은 사정이 달랐다. 한창 자랄 나이라서 뭐든지 입에 넣을 수 있는 것이라면 닥치는 대로 집어삼킬 기세의 식욕이다. 방도가 필요했다.

"너희 사정은 어땠는지 모르겠는데, 우린 정말 굶기를 밥 먹듯이 했던 것 같아. 하지만 동생들에게는 그럴 순 없잖아?… 난 배 고플 때마다 얼마나 물을 마셔댔는지. 그 바람에 살이 이렇게 물살이 된 것 같아, 하하."

어머니는 동이 트기 전 이른 새벽부터 산에 올랐다. 산채나물이라도 따기 위해서였다. 어둠이 채 가시지 않은 검푸른 새벽길을 재촉하는 것은 다른 이웃들도 마찬가지였다. 서로의 사정이 너무나도 비슷비슷하다 보니 그 마음을 모를 리 만무하지만, 어줍은 양보가 한가족의 굶주림엔 치

명적인 것임을 알기에, 어색한 미소만 주고받고 산길을 서두른다. 그나마 이것도 녹음이 남아 있는 여름 한철 몇 개월만 가능했다.

어머니는 산에서 따온 질경이나, 곰취, 고사리 등을 보리, 옥수수와 함께 삶아서 죽을 만들었다. 한껏 양을 불리려고 한 식단이지만, 동생들에게 한 그릇씩 나눠주고 나면 어머니와 아버지에게는 정말로 딱 입에 풀칠할 정도만 남았다. 아버지는 그마저도 아이들에게 밀어주고, 자신은 늘 자리를 털고 일어섰다.

"나는 아직도 궁금해. 아버지가 음식 드시는 걸 제대로 본 적이 없는데, 어떻게 살아가셨는지…."

아버지는 식사시간에 늘 곰방대에 담뱃닢을 재어 넣고 싸리문을 나섰다.

형제 중에서는 막내가 유난히 아버지를 따랐다. 사실은 그 위에 한 명 더 자식이 있었지만 태어난 지 보름을 넘기지 못한 채 세상을 떠났다. 그리고 나서 1년 뒤 태어난 것이 막내였는데, 아버지는 지난번 떠나보낸 자식 몫까지 합쳐서 사랑할 요량으로 막내에게 듬뿍 애정을 담아주었다.

아버지는 새벽닭이 울기 전에 자리에서 일어나서 일찌감치 별을 안고 들녘으로 향했다. 그리고 항상 지는 해를 등에 업고 집으로 돌아왔다. 아버지의 고된 삶을, 연철이는 싸리문에 들어설 때 드리워진 아버지의 긴 그림자에서 기억하고 있었다. 그런데, 아버지가 방에 들어서기 위해 디딤돌에 서서 흙먼지를 턱턱 털어내면, 방에 있던 막내는 반색을 하며 장지문에 매달렸다. 막내의 행동은 거의 반사적이었다. 아버지는 그런 막내를 살갑게 대해 주셨다. 연철이는 아버지의 초인적인 힘의 원천이 무엇인지 동생을 보며 짐작했다.

그런데, 막내는 아버지와 가족들의 사랑 속에서 3년 4개월의 짧은 인생을 마감하였다.

"정말로 갑작스러웠어. 항상 건강해 보였고, 딱히 밖에서 놀거나 한 것도 없었는데, 시름시름 앓기 시작한거야."

당시를 기억하면 지금도 가슴이 먹먹해진다고 한다.

"어무이요, 막둥이가 이상하네예. 열도 쪼매 있고, 똥도 푸르스메 해 쌌코."

어머니 대신 막내를 돌보고 있던 두 살 터울의 누이가, 산채가 가득한 대나무 광주리를 머리에 이고 부엌에 들어선 어머니에게 매달렸다.

"머라꼬? 이상한 거 믹인거 아이가."

"아니라예…"

어머니는 누이를 곁눈으로 힐끔 쳐다보면서 안방으로 들어섰다. 막내는 아랫목에 배를 깔고 누운 채 꼼짝도 안 하고 있었다.

"아이고, 야가 우짠일인고?"

어머니는 막둥이의 이마를 짚어보고 몸을 만져보고 하더니, 예사롭지 않음에 당혹스러워 했다. 그길로 막내를 들쳐 업더니 마을 장로에게 달려갔다.

"어허, 몸뚱이가 용광로 맹크로 뜨겁네. 안되겠다. 점방에 가자."

장로는 서둘러서 사람들을 시켜 읍내에 갈 채비를 당부했다. 그날따라 귀가가 늦었던 아버지도 버선발로 읍내로 향했다.

"그렇게 슬퍼하는 아버지의 모습을 본 것은 그것이 처음이자 마지막이야. 매일같이 시계추처럼 정확하게 일상을 보내시던 아버지가, 막내를 먼저 보내고 난 다음부턴 집에서 한 발짝도 나가질 않는 거야. 눈동자의 초점도 잃고… 거의 폐인이 되다시피…."

연철이는 당시를 생각하며 한숨을 푹 쉬었다.

"그래 하는 수 없이, 나와 어머니가 남 밭일도 거두면서, 잔심부름도 마다않으면서, 그렇게 생활을 했어. 우리 어머닌 정말 강하셔. 막내를 잃은 마음은 아버지 못지않게 애통했을텐데, 장례 치르던 날 그리 슬피 우시고 그 이후론 우리 앞에서 눈물 하나 보이지 않았어."

나는 위로의 말을 찾을 수가 없었다.

"막내가 무슨 병이었냐고? 몰라. 다만, 어른들이 하는 말로는 영양가 있는 걸 제대로 먹지 못해서 그런거였다나, 뭐, 그런 말을 했던 거 같아. 그 죽 한 그릇으로 하루를 견뎠으니…."

아버지가 자리에서 일어난 건 한달이 다 되고서였다.

"갑자기 설날이나 제삿날에나 입던 외출복으로 갈아입고 나가시더라고, 말도 없이. 그러구선 하루종일 소식이 없다가 저녁이 되어서야 돌아오셨어. 굳은 표정으로. 그래 어머니가 어딜 다녀오셨냐고 묻자, 대뜸 대구로 가시겠대. 일자리가 생겼다고."

조그만 산촌 시골에선 더 이상 희망이 없었던 거다. 지금과 똑같은 생

활이 반복된다면, 또다시 어린 자식들을 잃게 될지도 모른다는 두려움
도 가세했다.

"그 후 아버지는 보름에 한번 꼴로 집에 오셨어. 오실 때마다 먹을거리
나 옷가지들을 양손에 들고 들어오셨지. 고생이 많으신지 까맣게 그을
린 얼굴에 주름골이 더 깊게 패여 있더라구. 집짓는 곳이나 하천 자갈밭,
도로공사 등에서 막노동을 하셨대. '함바飯場'를 따라 다니면서. '함바'
알지? 그 공사장에서 밥 해주고 재워주고 하는 곳 말이야."

공사장을 따라다니다 보니, 전국적으로 이동하게 되고 그만큼 집에 돌
아올 틈을 보기가 힘들었다.

아버지가 힘들게 일하는 걸 보고 연철이도 거들어야겠다는 결심을 굳
혔다.

"내가 어머니에게 말했지. '지도 도회지에 가 일할랍니다.' 그랬더니
눈만 동그랗게 뜨고 아무말씀 없으시더군. '경성에 있다는 아제 안 있는
교. 그 아제한테 가 기술도 배우고 돈도 벌랍니다.'고 했더니 한번 쓱 보
시더군. 그리고 한 일주일이 지났나? 어머니께서 아제 주소가 적힌 종이
한 장을 주시더군. '그래, 큰 세상 나가서 많이 배우고 온나. 여긴 걱정
말고.'하시면서."

그리하여 집을 떠났는데, 그 후 고향을 다시 찾아가지 못하였다. 경성
에서의 생활이 녹록치가 않았기 때문이다. 자기 하나 간수하기도 힘들
어 생활비를 보내기는커녕 고향에 갈 차비도 제대로 마련하기 어려웠
다.

110

"내 입 하나 덜어드리는 걸로 만족하는 수밖에…."

연철이는 긴 한숨을 내쉬며 말했다. 생활비로 집안을 도울 수는 없지만, 입 하나 덜어 드림으로써 생활의 부담을 줄여드리는 걸로 만족해야 하는 자조自嘲적인 탄식이었다.

"집을 떠난 지 한 10년이 되려나? 이젠 동생들도 많이 컸을 텐데. 아버지는 고향집에 돌아오셨는지… 어머니도 보고 싶고… 한 번이라도 만나보고 왔으면 좋았을 텐데."

부모님은 연철이가 징용된 사실도 모르고 계신다.

"당장 그만두지 못하겠어!"

머리위에서 벼락같은 고함소리가 들려왔다.

그 목소리에는 위엄과 단호함이 있었다. 뒤엉켜 있던 나와 가토는 옷을 털며 일어섰다.

"지금 시국이 어떤 시국인데, 이런 싸움질이나 하고 이런 터무니없는 짓거릴 하는 게야!"

구미초인 스즈키 씨가 우리 둘의 얼굴을 번갈아 보며 나무랐다.

"경외하는 천황폐하께서…."

스즈키 씨의 입에서 '천황폐하'라는 말이 나오자, 일동은 모두 각자의 위치에서 차렷 동작으로 자세를 바로잡았다.

"경외하는 천황폐하께서, 대동아전쟁의 승리를 위해 새로이 적자赤子가 된 반도인半島人을 멀리 내지에까지 불러 총후의 견실을 기하고자 하였건만, 그런 반도인을 친숙하게 도와 하루라도 빨리 내지의 생활에 익숙하게 하고, 황군에게 전달할 군수품에 한 치의 손색도 없도록 생산에 진력하여야 할 터인데, 오히려 해코지를 하여 내분을 일으키고 산업전사로서의 기강을 해한다면, 이 일을 어찌할 거란 말이야! 일본인으로서 창피한 줄 알아!"

스즈키 씨의 일갈에 가토와 나머지 일본인들은 고개를 들지 못했다.

스즈키 씨는 나와 연철이를 향해 자세를 바로 잡더니 고개를 숙이며 사죄 하였다.

"미안하군. 시종 경과를 쭉 지켜보았으나, 당신들 말대로 이건 도리가 아냐. 우리가 잘못 했어. 너무 기분 나쁘게 생각하지 않았으면 좋겠어. 오늘 일은 잊어주게."

스즈키 씨가 정색을 하고 사과하기에 우리도 그러겠노라고 답하였다.

그 일 이후 우리 조에 약간의 변화가 일어났다. 우리가 담당하는 업무는 이전과 별반 다를 바 없었지만, 우리를 부를 때의 호칭이 이름으로 바뀌고 비록 창씨명이었지만, 식사준비가 당번제로 바뀌었다. 물론 일본 얘들이 스즈키 씨의 한마디에 감동된 나머지, 우리를 살갑게 대하거나 하는 일은 없었다 원하지도 않았지만. 해코지가 없는 것만으로 충분했다. 우리와 그들 사이에는 식민지 피지배자와 지배자로 이분화된 철저한 계급의식이 존재했으며, 우리는 항상 그들 밑에 위치하고 있었다. '일시동인一視同仁'? 일본인과 조선인은 천황의 적자로서 평등하다고? 개가 웃을 소리다. 아무튼 일본으로 징용되는 바람에 나는 그들의 본질을 볼 수가 있었다.

조선인 마을

숙소에서 조선소로 이동하다 보면, 이전부터 히로시마에 살고 있던 조선인들과 마주친다. 주로 막노동판에서 인부일을 하는 사람들인데, 그중에는 '함바飯場'를 꾸려 운영하는 이도 있었다.

도보로 출근하는 길에 얼굴을 마주하면 서로 반갑게 우리말로 인사를 나누었다. 한번은 휴일에 동료들과 외출을 하여 '함바'집을 방문하기로 하였다. 전쟁통에 물자가 부족하다 보니 여러모로 부족한 것이 많은데, 특히 20대 초반의 혈기왕성한 우리들은 음식이 모자라 늘 배고픔을 호소하고 있었다. 그러던 차에 '함바'에 가면 혹 먹을 것을 구할 수 있지 않겠냐는 의견에 한번 가 보기로 한 것이다.

"계십니까? 누구 안 계세요?"

범성이가 반쯤 열려진 미닫이 문 사이로 안을 들여다보았다. 가까이 지내는 동료 중에서 범성이가 제일 미덥다. 누가 시키지 않아도 궂은 일, 귀찮은 일, 마다않고 제일 먼저 나선다. 범성이를 앞세우고 일행은 뒷전에서 멀뚱멀뚱 서 있었다. 일행이란 나와 연철이, 범성이, 그리고 동수, 모두 네 명이었다.

"뉘시라예?"

50대 중반으로 보이는 부인이 앞치마에 손을 닦으며 안에서 나왔다.

"아, 저희는 요기 미쓰비시 조선소에 근무하는 징용공입니다. 출퇴근하면서 오가다 뵙는데요, 함바집이라고 하기에 혹시 먹을 것이 있으면 나눠주실 수 있을까 싶어서 왔습니다. 아, 물론, 여기 돈은 지불해 드립니다."

범성이가 허겁지겁 호주머니에서 돈을 꺼내 보였다. 조선소에서는 월급을 받은 적이 없다. 월급이 없다는 뜻이 아니라, 월급이 적혀진 명세서를 보여줬을 뿐 내어주지 않는다는 의미다. 우리 중대 중대장 설명에 의하면, 돈은 회사측에서 잘 관리하다가 기한이 만료되어 귀환할 때 돌려주겠다고 한다. 월급을 모두 내어 주면 결국 젊은 패기에 허튼 데 쓰고 낭비한다면서. 아울러 월급의 일정 부분은 '애국저축'에 입금시켜 관리한다는 말도 잊지 않았다. '애국저축'으로 축적된 금액은 군수생산에 필요한 자금으로 활용되는데, 따라서 각자에게는 얼마되지 않은 금액이지만 전쟁수행을 위해서는 큰 보탬이 되는 만큼 애국하는 방도이기도 하다는 설명도 잊지 않았다. 말은 그럴싸하지만 결국은 개인의 의사를 무시한 '강제'저축인 것이다. 그리하여 월급에서 이것저것 제하고 난 다음에, 용돈 명목으로 약간의 금액만 지급되었다. 그 돈을 쓰지 않고 모아놓고 있다가 이참에 모두 갖고 나온 것이다.

"하모예. 일단 들어 오이소."

우리는 부인의 허락을 받고 안으로 들어갔다. 안에 들어가자 흙바닥에 나무탁자와 긴 나무의자가 두 줄로 놓인 토방이 있고, 반대편으로 다다미가 10장 정도 깔린 넓은 방이 있었다. 우리는 나무탁자를 가운데 두고 두 명씩 자리에 앉았다. 대략 8명 정도가 앉아도 될 만한 넓은 탁자였다.

자리에 앉기가 무섭게, 아주머니는 현관 정 맞은편에 있는 다른 문을 통해 안채로 들어갔다. 열린 문 사이로 보자 하니, 안쪽으로 마당이 있고 펌프와 '다라이_{대야}'가 눈에 들어왔다. 안쪽으로 건물이 연결되어 있는 모양이다.

"마이 기다렸지예. 이걸로 목이나 축이시소."

아주머니가 주전자에 막걸리를 담아 내왔다. 우리는 손수 담갔다는 배추김치와 함께 막걸리를 한 잔씩 나누어 마셨다.

"커억, 이런데서 막걸리를 마셔볼 줄이야."

막걸리의 톡 쏘는 시큼한 맛에 동수가 이맛살을 찌푸려가며 감동스러워 했다.

이런 저런 이야기꽃을 피우며 막걸리 잔이 얼추 바닥을 보일 즈음, 쟁반에 밥과 고기를 들고 아주머니가 안채에서 다시 나타났다.

"우와! 이게 다 뭐랍니까?"

"이참에 누가 생일상 받으면 되겠다."

다들 곱창과 수육을 받아보고 눈이 휘둥그레졌다. 고향에서조차 쉽게 접할 수 있는 음식이 아니니 오죽하였으랴.

"자알 먹겠습니다."

일동 합창을 하고는 모락모락 김이 솟아오르는 따뜻한 밥과 수육에 정신이 없었다.

"하이고 마…"

아주머니가 빈 쟁반을 들고 나가려다가, 우리들의 먹성에 놀라 그 자리에 멈춰 섰다.

우리는 순식간에 내놓은 음식을 하나도 남기지 않고 먹어 치웠다. 식사 후 포만감을 느낀 것이 얼마만인가? 나는 식사다운 식사에 만족하여 기분 좋게 부른 배를 어루만졌다.

"정말 덕분에 잘 먹었습니다. 근데, 어찌하여 이곳까지 오시게 된 것인가요? 보자 하니 고향이 경상도인 것 같으신데…?"

연철이가 물었다. 나도 궁금해 하던 차이다.

"하모요, 대구라예."

연철이는 같은 경상도 사람이라며 한껏 신이 났다.

"히로시마엔 합천 사람들이 억쑤로 많습니더."[3]

불에 기름을 끼얹는 격이다. 망했다. 아주머니의 그 한마디에 "지가 합천입니더"하며 신이 난 둘의 대화는 시간 가는 줄 모르고 이어졌다.

듣자 하니, 한해旱害로 농사일을 망친 아저씨가 일감을 찾아 전전긍긍하다가, 우연히 지인의 소개를 받아 도일한 것이 지난 1934년. 일본인 '함바'를 따라 토목공사에 종사하다가 기술을 익히고 거래처를 확보하자 독립하여 '함바'를 차렸다고 한다. 그리하여 아주머니와 가족들을 불러 히로시마에서 살게 되었는데, 막노동으로 도일한 사람을 하숙하는 일도 겸하고 있었다.

"일본사람은 조센징이라 카믄 절~때 방을 내주지 안심더. 그카이 오갈

----

3) 합천은 '한국의 히로시마'로 불릴 정도로 히로시마시로 이주한 사람들이 많은 지역이다. 합천과 히로시마시의 역사적 관계에 대해서는 이치바 준코, 『한국의 히로시마』, 역사비평사, 2003년이 유용하다.

데 없는 우리 동포를 어캅니꺼? 한 수 없이 우리집에설랑 하숙을 내준기라예. 그런 경우가 쌨습니다."

아주머니가 히로시마에 왔을 때는 치마저고리를 입고 있었는데, 지나가는 일본인들이 천하게 내려보고 가는 통에 속으로 부아통이 끓었다고 한다. 그 순간부터 일본에서의 생활이 순탄하지 못할 것임을 각오하였는데, 실제로 살아보니 조선인은 인간취급을 못 받는 경우가 허다하였다고 한다.

"오쪼시應徵士, 오쪼시 카며 치야호야떠받들다 한 깃도 최근 일이제, 옛날 가트면 텍도 없었심더. 으디예. 진즉 그랬으면 여가이런 외곽에 살지도 않지예. 하몬."

조선인에 대한 천대로 시내 가옥은 구하지 못하고, 쫓기고 쫓겨 결국 시 외곽에 조선인 집단촌을 형성하게 된 것이다. 그제서야 해안가에 가까운 이곳 변두리 지역에, 조선인 '함바'가 형성된 이유가 납득되었다.

"그래도 내지에 사는 덕분에 징용가지 않아도 되고, 덕을 톡톡히 보고 있는 거 아녜요?"

연철이가 숭늉으로 목을 적시며 매정한 말투로 툭 던졌다.

"으디예. 내지에 왔다카면 머 일본이 좋아서 부러 왔다고 그래 생각하는데예, 아이지예. 좋기야 지 고향이 좋지예. 조센징 카면 개 쳐다보듯 하는데, 머가 그리 좋겠능교? 그저 살 도리가 없어가, 목구녕이 포도청이라고 애 새끼 나아 가 굶길 수는 없고, 그래 먹고 살라 온 거 아인교?"

질문을 한 연철이가 머쓱해졌다. 그렇다. '내지'로 건너온 조선인에 대해서는 편견이 있었다. 일본을 좋아할 것이라는. 그래서 일본정부도 그들에게는 특별한 대우를 할 것이라는. 그런데 현지에 와 보니 실상은 내가 상상하던 것들과 전혀 달랐다.

"집에도 아들이 둘 있지예. 하나는 쇼와 18년1943년에 쪼요징용 걸려갖고, 요 옆뎅이 구레吳라 카는 곳으로 갔고예, 둘째는 올해 거 머꼬, 거 쪼요 고쿠치告知라 카는거, 그거 받고 갔지예. 마 징용장도 아닌기라, 고지告知라예, 고지. 니는 마 쪼요나 똑 같으니 그리 알그라, 마 그런 텍입니더."

아주머니는 말이 끝나기가 무섭게 신발을 벗고 다다미방으로 올라가더니, 맞은편 벽면의 '오시이레押し入れ: 붙박이벽장'를 열었다. '오시이레'는 가운데가 나무판으로 나누어져 있어, 윗단에는 이불과 요가 정갈하게 개어져 있었고, 아랫단에는 옷가지나 보따리 등이 차곡차곡 쌓여 있었다.

아주머니는 아랫단 보따리 틈에 손을 집어넣더니 무언가를 열심히 찾았다. 이윽고 검은색 천의 보따리를 끄집어내더니, 바닥에 놓고 풀어헤쳤다. 안에는 오랫동안 사용한 듯한 검은색 표지의 장부와 노트 등이 나왔다. 노트를 펼치자 여러 장의 사진과 서류다발이 눈에 들어왔다.

"여어, 보이소."

아주머니는 서류다발 속에서 종이 한 장을 집어 들더니 팔랑 팔랑 흔들며 우리들에게 내밀었다.

징용고지서徵用告知書. 정말이었다. 우리는 징용영서徵用令書를 받아, 언제까지 어디로 집결하라고 되어 있었는데 이건 좀 달랐다.

"右ノ者左ノ通徵用セラレタルモノト看做サル

(우측의 자를 좌측과 같이 징용된 것으로 간주한다)"

다시 말해서 징용된 것으로 간주하니 그리 알고 있으라고 '고지'한 것이다.

고지서에는 '출두해야 되는 일시' 대신에 '종사해야 할 총동원업무의 지정군수회사 또는 지정군수공장 명칭'이 자리하였고, '출두할 장소' 대신에 '종사해야 할 직업, 종사해야 할 장소'가 명시되어 있었다.

아주머니 설명에 의하면, 둘째 아들은 미쓰비시중공업의 하청을 받아 조선소 건설에 종사하고 있었는데, 미쓰비시가 군수회사로 지정되면서 자동적으로 징용되고 말았다고 한다. 즉 '현원징용'이 된 것인데, 전황이 급속히 어려워지면서 이렇듯 직장 전체를 송두리째 징용하는 경우가 있었던 모양이다. 아들은 선박에 들어가는 가구, 책상 등을 생산하는 목공부에 배속되어 있으며, 그 기술을 인정받아 구미초組長를 맡고 있단다. 물론 기숙사 생활이 아니라 자택에서 출퇴근하는 형태이므로 우리들과는 노무관리가 전혀 달랐다.

"아휴 죄송합니다. 제가 잘 몰라서… 일본에 계신 조선인들도 우리와 똑 같이 징용되고 있는지 잘 몰랐어요."

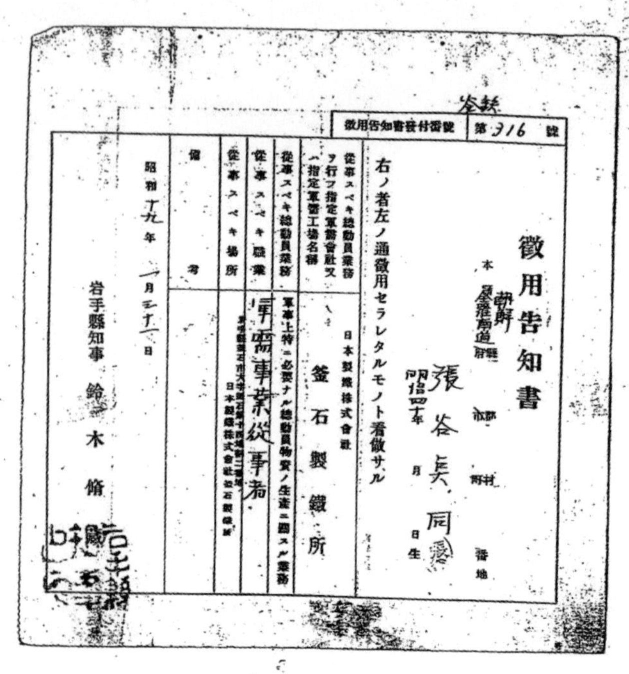

徴用告知書

징용고지서

연철이가 멋쩍게 머리를 긁적이며 미안함을 전했다.

"내사 마, 그게 제~일 서운합니더. 우리만 여가 와 호강하고 있는게 아입니더."

아주머니가 징용고지서를 다시 서류다발 속에 집어넣으며 중얼거렸다.

하지만 우리와 눈이 마주치자, 댁들에게 서운하다는 건 아니라며 손을 저으며 수줍게 웃었다.

우리는 '함바'와의 만남을 통해 그동안 갖고 있던 편견과 오해를 풀 수 있었고, 게다가 배까지 가득 채울 수 있었다. 더 큰 수확이라면 우리가 편하게 기댈 수 있는 곳이 하나 생겼다는 점이다.

돌아오는 길에 우리가 모은 돈을 전부 지불하였다.

"배가 고프면 언제든지 또 오이소."

돈이 모아지기 전까지 당분간은 불가능하지만, 아주머니의 그 말이 너무나 따뜻하고 훈훈했다.

시골 속으로

쿵쿵, 슈~웅, 쿵!

나는 해안가를 향해 만들어진 방공호 입구 앞에 앉아 멀리 산 뒤편에서 펼쳐지는 광경을 구경하고 있었다.

"오늘은 좀 기네. 아직도 안 끝났나?"

동수가 내 옆에 앉으며 물었다. 쇼와 20년1945년에 접어들자 미군의 폭격이 날이 갈수록 잦아졌다. 신문에는 지난 3월 10일 야간부터 시작된 도쿄공습으로 수만 명이 소이탄에 의해 사망했다고 보도되었다.

히로시마 상공으로 폭격기가 편대를 이루어 나타나는 일도 늘어갔다. 그때마다 전 시가지를 뒤흔드는 공습경보 사이렌 소리에 깜짝 놀라 방공호로 대피했다.

"뭐 왔다갔다 할 것 없이 대피소에서 먹구 자구 하는게 낫겠어."

정작 대피는 자주 하였지만 히로시마를 폭격하는 일은 단 한번도 없었다. 그러다 보니, 공습경보가 있어도 모두 대수롭지 않게 여겼다. 오늘도 산 저쪽 너머 구레 지역에 폭격이 시작된 모양인지, 폭음소리와 불꽃이 일정 간격으로 반복되고 있었다.

범성이과 연철이도 방공호 안이 따분했던 모양인지 고개를 내밀었다.

"저 쪽에 뭐가 있기에 맨날 폭탄을 들이 붓는거?"

연철이의 질문에, "구레 해군공창"이라고 짤막하게 답했다.

"밤에 보니까 불꽃놀이가 따로 없구만."

연철이의 말이 끝나기가 무섭게 갑자기 머리위로 찢어지는 듯한 엔진 소리를 내며 미군 함재기 서너 대가 쏜살같이 지나갔다. 정말 갑작스러운 출현에 우리는 가슴이 철렁 내려앉았다.

"우와, 깜짝이야! 우릴 공격하는 줄 알았잖아!"

연철이가 뒤로 벌렁 자빠지며 소리쳤다.

"근데, 일본군은 대체 뭐하는 거야? 일본군 비행단은 코끝 하나 보이질 않네?"

동수가 놀란 가슴을 쓸어내리는 연철이를 보며 고개를 갸우뚱해 보였다.

"비행단은 무슨… 다 끝장난 거야."

퉁명스럽게 범성이가 내뱉었다.

"……"

정말로 그랬다. 미군의 공습과 폭격이 있어도 일본군의 응수는 거의 없었다. 대공포가 없는 것은 아니었다. 그러나 대공포를 아무리 쏘아 봤자 미군 공습기의 고도가 높다보니 소용이 없었다. 대공포만 히로시마 상공에서 혼자놀이를 하고 있었다.

"그보다도⋯ 왜 히로시마시에는 폭격이 없는 걸까?"

그 이유가 더 중요하다며 범성이는 히로시마 상공에 시선을 돌렸다.

"그게 무슨 말이래?"

"음, 그러네. 히로시마에는 함정, 특공정을 만드는 조선소도 있고, 총기제작회사도, 군부대도 모두 있는데⋯, 왜 폭격하지 않고 그냥 지나치는 걸까?"

연철이의 질문에 나는 대답 대신 범성이의 질문을 곱씹어 보았다.

"자, 자, 우리가 고민한다고 풀릴 수수께끼도 아니고, 암만 봐도 오늘도 공습이 없을 것 같으니 돌아가지."

동수의 재촉에 모두 자리를 털고 일어섰다. 등 뒤로는 쿵하는 둔탁한 폭음소리가 대지를 흔들고 밤하늘을 진동시키고 있었다.

미군의 잦은 폭격은 일상을 서서히 망가뜨리고 있었다. 당장 히로시마시는 공습 폭격의 위협에 노출되지는 않았지만, 언젠가 시작될 것이라는 공포감, 불안감이 일상을 어지럽혔고, 생산에 필요한 자재가 제 때 공급되지 않아 작업이 불가능해 졌다.

"젠장, 오늘도 날 새는구만."

기름에 찌든 장갑을 벗어던지며, 가토가 신경질적으로 내뱉었다. 재료가 바닥이 나, 원자재 도착을 기다린 지가 벌써 6시간이 훨씬 넘어선 것 같다. 다른 일본인 동료들도 각기 밀링머신 옆에 걸터앉아 허공만 멍하니 쳐다보고 있었다.

도면을 보고 있던 스즈키 씨가 공장 사무실로 향한 것은 나와 연철이가 공장벽면에 등을 대고 막 눈을 감으려던 순간이었다. 얼마 지나지 않아 아무 일도 아닌 듯한 표정으로 스즈키 씨는 사무실에서 나와 원래의 자기자리로 돌아왔다.

그로부터 약 1시간가량이 더 지난 후, 사무실 문을 열고 계원이 우리쪽으로 다가왔다. 엔도 마사시遠藤正라는 50대 초반의 직원이었다.

"에또, 오늘은 재료가 올 수 없답니다. 지금 구레시로 연결되는 철로가 절단이 나서 복구하는데 시간이 걸립니다. 해서, 작업대신에 방공호 구축하는 것으로 업무를 바꿨습니다. 그러니까 가토군이 모두를 데리고 조선소 광장으로 집결하도록. 이상."

이전부터 조선소 부지를 확장하는 매립작업과 방공호 구축이 간헐적으로 이루어지고 있었다. 그러나 최근 들어서는 어느 작업이 주主인지 모를 정도로 토목사업?에 동원되는 일이 부쩍 늘었다.

"아~ 또 땅 파러 가는 거야? 이 좋은 날씨에?"

연철이가 내 옆을 걸어가면서 투덜거렸다.

"그냥 멍 하니 앉아 있는 것보다는 훨씬 낫지 않겠어? 좋게 생각하자구. 운동하는 셈 치구."

나는 일부러 좋게 해석하였다. 힘들고 귀찮은 일은 하기 싫다고 생각하면 할수록 더 힘들어지는 법이다. 마음가짐이라도 긍정적으로 가져야 그나마 힘든 작업도 다소 수월해질 것이라는 생각이 들었다. 그런데⋯.

그런 기분으로 만들어 놓은 방공호가 이젠 제법 수가 되었다. 이런 추세로 가다간 조만간 해안가를 죄다 벌집으로 만들겠다.

그러던 어느 날, 숙소에서 쉬고 있는데, 소대장이 전갈을 갖고 왔다.

"특별히 작업이 없는 반부터 차례대로 휴가를 실시한다. 휴가시에는 휴가증, 사원증, 배급표 등 잊지 않도록."

일본에 특별히 아는 사람도 없는데, 어디로 휴가를 간단 말인가? 우리는 갑작스러운 결정에 당혹스럽기도 했지만, 일단 반갑지 않을 수 없었다. 옆반에서 연철이가 우리 방으로 뛰어 들어오며 물었다.

"어디로 가면 좋겠나?"

"가긴 어딜가? 아는 사람도 없고, 돈도 없고, 그냥 숙소에서 며칠 쉬면서 지내."

"그래도 모처럼의 기회인데⋯. 우리 방 녀석들은 저기 미야지마宮島에 간다던데, 거기 신사神社하고 사슴이 볼만하다고 하던데."

바닥에 누워 천장을 응시하고 있던 범성이가 연철이와 동수의 대화를 듣고 있다가 벌떡 일어나 앉았다.

"학도보국대學徒報國隊로 우리 구미組에서 일하는 일본 애가 그러던데, 시골에는 젊은이가 모두 빠져나가고 없어서 농사일을 할 수 없다고. 만약 그런데 가서 일손을 좀 거들어 주면, 숙식 제공도 받을 수 있을 거고, 뭐 대수로운 구경은 아니지만 일본 농촌도 구경할 수 있을 거고, 괜찮지 않겠어?"

그것도 나쁘지 않겠다는 생각이 들었다. 그보다도 다른 좋은 제안이 없었기 때문에 범성이의 제안대로 하기로 했다.

범성이는 다음날 즉시 일시와 장소를 수배했다. 한번 결정이 되면 행동이 빠른 녀석이다.

"다음 주에 가기로 했다. 때마침 보리타작이 시작되는 무렵이라 일손이 부족하대. 모두 괜찮겠지? 자, 결정이 되었으니까 각자 휴가를 얻기로 하고, 휴가증, 사원증, 배급표 잊지 말고 챙겨."

장소가 어디냐고 묻자, 히로시마현의 어디라고 한다. 허나, 괜히 물었나 싶었다. 내가 대답을 들은 들 알 수가 있나. 하지만 아무래도 좋았다. 어차피 혼자 가는 것도 아니고 주선한 범성이가 알아서 인솔할 것인데, 꼬치꼬치 캐물어 지명을 숙지하고 있을 필요가 없기 때문이다. '○○사와澤'라는 정도만 알아들었다.

범성이의 인솔로 당도한 곳은 정말로 조용하고 한적한 어느 농촌 마을이었다. 트럭 한 대가 넉넉하게 지나다닐만한 큰 농로를 사이에 두고 좌우로 널찍한 논이 펼쳐져 있었고, 보리가 누렇게 익어가고 있었다.

띄엄띄엄 농가가 눈에 들어왔다. 그 중 한 곳을 향해 범성이가 성큼성큼 앞장서 걸어갔다.

혼자 다시 찾아오라고 해도 찾아올 수 없는 곳을, 범성이는 마치 제 집 가듯 너무나도 익숙하게 찾아갔다.

"우지나宇品에서 배를 타고 왔으니, 혹시 섬인가?"

연철이가 걱정스러운 눈으로 내게 물어왔다.

미야지마(宮島)를 방문한 기념으로 촬영한 조선인 응징사의 모습

"그렇지는 않은 것 같아. 바닷길을 이용해서 가로질러 온 것 뿐 일거야. 저기 좀 봐. 연기를 뿜으며 기차가 지나가는게 보이지? 히로시마 근처에 섬으로 연결된 기차길은 없을걸."

나는 분필로 칠판에 선을 긋듯 하얀 연기가 길게 옆으로 뻗는 광경을 손으로 가리키며 대답했다.

마을은 정말로 적막했다. 간혹 이름모를 산새가 지저귀며 날아갈 뿐, 다른 어떤 소리도 적막을 방해하고 있지 않았다.

"아무도 안 사는 동네같군. 음침해."

동수가 두 손으로 자기 어깨를 문지르며 주위를 둘러보았다.

정말로 음산했다. 히로시마 시내보다 기온도 3~4도는 더 낮을까, 서늘하다는 느낌이 음산함을 더했다.

"빨리 오지 않고 뭐해!"

민가 앞에서 범성이가 손을 들어 보이며 소리쳤다. 셋은 누가 먼저라 할 것 없이 달려갔다. 가까이 다가가 보자, 범성이 혼자가 아니다. 처음 보는 노인 한분이 범성이 앞에 서 있었다.

"인사들 해. 이 집 주인이셔."

"곤니치와 안녕하세요?"

할아버지는 우리가 알고 있는 친숙한 농부의 얼굴을 하고 있었다. 구부정한 허리, 깊게 패인 주름골, 맑은 눈동자. 밀짚모자를 쓰고 있던 할아버지는 완벽하게 농가와 일체가 되어 있었다. 우리가 멀리서 쉽게 알아보지 못할 만도 하다.

"곤니치와. 먼 곳에서 일부러 찾아와 주시고…."

할아버지는 모자를 벗으며 공손하게 고개를 숙였다. 때마침 창고에서 나오던 할머니도 우리에게 인사를 건네 왔다.

농가는 우리네와는 달리 일자형으로 길게 한 채로 되어 있었다. 부엌으로 연결된 거실과 다다미방이 '후수마襖: 칸막이'로 격리되어 있었다. 우리는 제일 좌측의 다다미방으로 안내되었다. 방문목적에 대해서는 범성이가 자세하게 설명한 덕분에 다른 얘기가 필요 없었다.

"오늘은 오는데 고생이 많았습니다. 푹 쉬시고 내일부터 작업을 부탁드립니다."

그날은 여장을 풀고 여행의 피로를 풀기만 했다. 사방이 어두워서 그런지, 히로시마시와는 달리 밤이 유난히도 빨리 찾아오는 느낌이었다.

바람에 스치는 나뭇잎 소리에 잠이 깼다. 아직 한밤중인 것 같은데, 창밖이 너무 밝다. 보름인가 보다.

세상 모르게 자고 있는 연철이와 동수의 이불을 바로 덮어주고 다시 누웠다.

"잠이 안 오니?"

뒤척이는 소리에 범성이가 잠을 깬 모양이다.

"나 땜에 깼어?"

도리어 내가 물었다.

"으응, 아니야."

범성이의 목소리는 낮게 깔려 있었다.

"폭풍이라도 오려나. 바람이 거세네."

"……"

"…내가 살던 집이 생각 나. 그러고 보니, 이런 집에서 자본지도 꽤 오래됐군."

"충남이라 했던가?"

"그래. 충남 당진…"

"……"

"이게 무슨 짓인지 모르겠어. 누굴 위한 전쟁인거지? 영미제국의 핍박으로부터 아시아 민중을 해방시키기 위한 전쟁이라는데, 그러면서 남경에서의 살육은 도대체 뭐지? 건장한 남자는 온통 전장에 끌려가고, 남겨진 자들은 힘없는 아녀자와 노인뿐, 전쟁통에 삶은 눈에 띄게 피폐해 지고 있는데, 희생을 치룰 값어치가 있는 것인가? 우리 조선인의 삶은 뭐지?”

주절주절 머릿속에 떠오르는 의문들을 입에 담아봤지만 공허하기만 했다. 범성이는 잠자코 있었다.

“복잡한 생각은 그만 하고 자자. 내일부터 할 일이 많아. 예까지 온 김에 다 처리하고 가야지?”

범성이가 돌아누우며 말했다.

그래, 말을 않을 뿐이지 모두 똑같은 의문을 갖고 있는 거야. 그러나 쉽게 해결할 수 없음을 또한 잘 알기에 생각을 잠시 접어두고 있는지도 모른다. 나는 다시 잠을 청했다.

갑자기 눈앞이 환해졌다. 눈을 뜨기 어려울 정도의 강렬한 햇살에 무의식적으로 손을 들어 눈을 가렸다.

“오하요 고자이마스 상쾌한 아침입니다”

할아버지의 느릿느릿한 발음이 나긋하게 방안에 울렸다.

바람소리에 잠을 깬 후 아침나절이 되어서야 깊은 잠에 빠졌었나 보다. 아침이 되는 걸 까맣게 모르고 있었다.

“엊저녁에는 바람소리가 심해 잠을 설치지는 않았나요?”

등화관제용의 커튼을 활짝 젖히며 할아버지가 조심스레 물어왔다. 마루 앞 판유리로 된 미닫이문으로 아침햇살이 쏟아지듯 들어오고 있었다.

"날이 맑네요. 지금 몇 시죠?"

범성이가 옷을 주섬주섬 입으며 물었다.

"8시입니다. 어제 밤하고는 전혀 달리 바람 한점 없는 맑은 날씨입니다. 낮엔 더워질 것 같네요. 그리고 모두 이 옷으로 갈아입으시지요."

우리가 입은 옷이 더러워질까 작업복을 따로 준비해 주었다. 그렇지 않아도 국민복이 너무 약해 쉬이 헤지기에 걱정했는데, 고마운 마음으로 받아 입었다. '지카타비地下足袋, 인부용 신발'도 준비해 주셨다.

"어때? 농부처럼 보이냐?"

"허수아비처럼 보인다. 그 모양으론 위엄도 없어서 참새 한 마리도 못 잡겠다."

연철이의 너스레에 동수가 일침을 가했다.

우리는 노부부가 준비해 준 아침식사를 하고 곧바로 작업에 들어갔다. 보리베기, 밭갈기, 창고정리, 농로정리, 나무패기, 가옥수리, 도랑치기 등, 두 노부부로서는 힘에 부쳐 방치해 뒀던 일들을 미친 듯이 해치웠다. 우리가 해 놓지 않으면 언제 손 델지 모를 것 같다는 절박함이 느껴졌기 때문이다.

모처럼의 밭일에 몸이 천근만근이 된 기분이었다. 저녁만 되면 여기저기 근육이 쑤시기 시작하여 저절로 '아구구'하는 신음소리가 흘러나왔다. 하지만, 정말로 오래간만에 맡아 보는 풀내음과 흙내음에 정신만은 말짱해 지는 것 같았다. 나는 농사일을 해 본 경험이 없어서 연철이의 지시에 따라 잡일을 거두는 정도였는데, 경험이 일천하기는 나와 비슷한 동수나 범성이는 달랐다. 뭐든 박자를 맞춰가며 척척 해 내는 것이 너무나도 듬직했다. 그렇게 2박 3일의 일정은 금방 지나갔다.

마지막날 밤, 우린 할아버지의 부름으로 부엌과 연결된 방으로 갔다. 다다미방 한 가운데에 화로가 놓여 있고, 그 위에 냄비 한 개가 김을 뿜어대며 보글보글 끓고 있었다.

"이쪽으로 모두 앉으세요."

우리는 화로 옆 탁자를 사이에 두고 자리를 잡았다.

"자, 자, 그동안 고생 많았습니다. 그리고 감사합니다. 한잔들 받으시지요."

할아버지는 일본 청주가 담긴 병을 두 손으로 잡고 술잔에 기울였다. 할머니가 옆에서 대나무 국자로 찌개를 그릇에 담아 탁자위에 놓는다. 꿩이다.

"전쟁이 시작되면서 농촌 청년들은 하나도 남지 않았지요."

건배가 끝나자 술잔을 비우며 할아버지가 입을 열었다.

"우리 아이들도 모두 군에 불려가, 우리 두 노인만 남게 되었어요. 하나는 지나사변支那事變, 중일전쟁을 지칭. 支那는 중국을 천시하는 차별어 때 전사했고, 또 하난 남양군도南洋群島, 현 남태평양 미크로네시아 지역로 가 전사했고, 인제 한 녀석만 남았어요. 어디에 있는지는 서신도 끊겨서 잘 모르겠고, 그저 전사통지서가 없기만 바랄 뿐이죠. 어디 있건 그깟 건 관심 없어요. 부디 무사하기만 빌 뿐이지요. 댁들도 집에서는 나처럼 부모님들이 걱정하고 계실텐데. 조선하고는 아직 서신왕래가 가능한가요? 연락이라도 자주 드리세요."

할아버지는 중얼거리듯 말했다. 할머니는 말 한 마디 없이 그저 고개를 숙인 채 듣고만 있다가, 간간히 눈꼬리를 닦으셨다.

"그새 농사일을 거둔다고 조선농업보국대도 왔다 갔지요. 작년 가을걷이 때는 농경대라 하는 사람들도 와서 거들어 주었고요. 내가 조선하고는 인연이 깊은가 봅니다. 이번엔 댁들한테 신세를 지고⋯"

그날 밤 우리들은 청주가 담긴 대병을 모두 비울 때까지 노부부와 밤을 함께 했다.

날이 밝자, 당초 출발시간을 늦춰 오전 중까지 잡다한 일을 다시 마무리하기로 했다. 두 분만으로 감당하기 힘든 일을 남겨놓고 간다는 것이, 우리 마음을 무겁게 했기 때문이다.

"시간이 되면 또 오세요. 일 도와달란 소리 안 할 테니까 쉬고 가세요."

할머니가 보따리에 채소에 말린 옥수수, 고구마, 계란 등을 가득 담아 주며 감사의 뜻을 전해 왔다.

"두 분만 남겨두고 떠나려니 발걸음이 무겁네."

농로위로 굴러다니는 돌멩이를 발길질하며 동수가 중얼거렸다.

"왜, 사위라도 되시지 그래."

내가 가라앉은 분위기를 바꿔보려고 농담을 던졌다. 그러자 곧바로 연철이가 이어서,

"그래 맞다 따님이 있다고 했다. 근데 출가해서 아이가 두 명 있다고 하던데⋯!?"

"뭐야!"

동수의 서운한 감정을 모를 리 없건만, 우리는 괜히 장난이 치고 싶어졌다. 다들 고향에 계신 부모님 생각이 나기 때문에 더 이상 심각해지고 싶지 않은 탓도 있으리라. 나만 빼고.

까불거리다가 문득 뒤를 돌아보자, 노부부가 여전히 집 앞에 서 있었다.

'어…?'

나는 고개를 다시 한번 꾸벅 숙이고는 손을 흔들어 보였다. 노부부도 고개를 숙여 보인 뒤 손을 흔들어 답례를 한다. 우리는 농가가 보이지 않을 때까지 몇 번이고 몇 번이고 같은 행동을 되풀이했다. 순간, 할아버지 댁에 놀러갔다 오는 듯한 묘한 감정이 솟구쳤다.

옛 히로시마 산업장려관. 일명 '원폭돔'으로 널리 알려져 있으며 1996년에 유네스크 '세계유산'에 등재되었다. 2012.8.6. 촬영

III

만남, 우정, 그리고 이별

노면전차(路面電車)를 모는 소녀

조선소에 적응하기 전

까지는 군사훈련부터 시작하여, 작업장별 교육 등 각종 일정을 소화하느라 정신이 없었다. 그러나 어느 정도 징용공들이 일상에 적응이 되자, 일요일에는 외출이 가능해 졌다. 그렇다고 해도 워낙 낯선 땅이라서 어디를 어떻게 가야할지 막막하였지만.

"이번 일요일에 일본여자 얘들 만나러 안 갈래?"

동수가 잠자리에 들기 위해 모포를 깔고 있던 내게로 슬금슬금 다가왔다.

"아, 거참 좋지. 가구말구!!"

내가 대답도 하기 전에 옆에 누워 있던 연철이가 대답을 가로챘다. 연철인 자기 방 자리를 나누고 또 마실을 왔다. 그 바람에 다른 사람들 시선이 이쪽으로 집중되었다.

"뭐야, 뭔데? 뭘 먹는다고?"

"야 치사하게 시리, 같이 나눠 먹자. 너희들끼리만 먹지 말고…"

주위가 시끌시끌해 졌다. 먹는 얘기를 하는 줄 알았나 보다.

나와 동수는 어이가 없어서 서로의 눈을 쳐다보고는 실소하고 말았다.

"그래, 이눔들아. 숨겨 논 쇠고기 먹을라 한다, 왜?"

연철이가 큰소리로 핏대를 세우자, 먹는 얘기가 아니구만 하는 표정으로 몇 명은 제 자리에 눕거나, 하던 일을 계속했다.

"누구누구 가면 되는 거야? 범성이, 염이, 나하고 너 하면 총 네 명인데?"

연철이가 구체적인 내용으로 들어가자, "안 돼에에~" 하고 동수가 손사래를 친다. 저쪽은 세 명이란다. 따라서 머리수가 맞지 않는다는 것이 이유였다.

"그럼, 범성이를 빼면 어떨까? 우리끼리 입 다물고 있으면 되잖아."

연철이가 반대편 범성이 빈 자리를 돌아보며 나직한 소리로 제안했다. 그러자 범성이가 연철이의 머리를 양손으로 감싸안고 헤드록을 걸면서 "니네 방으로 가. 여긴 또 왜 왔어."라며 양손에 힘을 넣었다. 우리 모르는 사이에 슬그머니 다가와 얘기를 다 들었던 모양이다.

연철이가 항복의 의사를 표시하자 비로소 헤드록이 풀렸다. 연철이는 입가에 흘러내린 침을 손바닥으로 쓱 닦으며 벌겋게 달아오른 얼굴로 다시 본론으로 들어갔다. 집요하다.

"저쪽이라는게 대체 누군데? 응? 응?"

"일전에 구미초組長하고 볼일이 있어 히로시마역에 다녀왔는데, 그때 전차를 탔거든? 근데, 전차를 여자 애가 운전하잖아? 평소에도 신기하게 생각하고 있었는데, 마침 잘 됐다 싶어서 운전하는 걸 가까이서 구경하고 있었지. 가만히 쳐다봤더니 꽤 귀엽게 생겼더라구. 한참을 쳐다봤더니 힐끔 나를 훔쳐보는 거야"

"오호~. 그래서, 그래서 어찌 됐는데?"

연철이의 호기심이 발동했다.

"그래, 그냥 쭈욱 쳐다봤지. 그 나약한 여학생이 말야, 몇 톤씩이나 되는 쇠덩이를 요리조리 모는 게 신기하잖아? 그랬더니, 내가 쳐다보는 게

민망했나봐, 힐끔 째려보더라고."

"그래서?"

"사람 얼굴 보지 말라는 법이 있나? 그냥 운전석도 둘러보고 하면서 계속 봤지. 그랬더니 부끄러운지 얼굴이 발그레하게 달아오르더니 이마에서 땀까지 흘리지 뭐야!"

"오호~"

연철이와 동수의 장단이 척척 맞아 떨어졌다.

"에라 이눔아! 그게 더워서 그런거지, 뭐 딴 뜻이 있었겠냐?"

범성이가 특이하게도 찬물을 끼얹었다.

"듣기 싫어? 듣고 싶지 않으면 관두고⋯."

"아냐, 아냐. 내가 잘못했어. 그냥 쭈욱 해봐."

범성이의 사과로 동수가 말을 이어갔다.

"그리고선 히로시마역에 도착한 거야. 그래 구미초가 내리자 해서 그 뒤를 따라 전차에서 내리는데, 뒤에서 '저기요'하면서 누가 나를 툭툭 치는 거야. 이렇게 뒤를 돌아봤더니, 그 여자 애 아니겠어?"

"그 전차를 몰던 여자 애란 말이지? 그래서?"

연철이의 그래서가 이어졌다.

"'무안하게 시리 왜 쳐다봤어요?' 하는 거야. 그래, 갑작스럽기도 하고 대답도 궁하기도 하고 해서 '그냥, 뭐~'하고 대답을 얼버무렸거든? 그랬더니 '바보' 하는 거야. 당황스럽더라구, 예상치도 않은 말을 들으니까 말야. 그래, 그냥 가만히 있었지. 뭐라고 대꾸해야 할지 잘 몰라서 말이야. 그랬더니, 그냥 홱 돌아서서 가 버리더라구. 그러더니 다시 얼굴을 돌리며 '바보'하며 혀를 낼름 하는거야."

"우하하하, '바보'래, 바보. 바보? 바보…"

연철이가 뒤로 벌렁 자빠지며 즐거워했다. 마치 자기가 직접 듣기라도 한 것처럼 발을 허공에 대고 연신 동동 구르며, '바보'란 말을 음미하는 듯 했다.

"나는 구미초와 함께 역내로 들어갔고, 구미초가 역 사무실에서 용무를 마칠 때까지 나 혼자 대합실에서 기다리고 있었거든. 그리고 구미초가 이제 일은 마쳤으니까 조선소로 돌아가기만 하면 된다고 하더니, 나온 김에 식사나 하고 가자며 역 근처에 있는 우동집에 갔어."

우동이라는 말이 무슨 뜻인지는 몰라도, 아무튼 먹는 음식임에 틀림없다는 생각에 모두 군침을 꼴깍 삼켰다.

식당 이름은 '후지야'였다. 우리들도 동수의 안내로 가 보게 되었는데, 점내에 나무탁자가 세 개, 그리고 주방이 훤히 보이는 'ㄱ'자형 카운터에 의자가 5개 놓여진 아담한 곳이었다. 그런데 동수의 주목을 끌었던 것은 우동집의 외관이었다. 길가에 목조로 만들어진 15평 남짓의 2층 건물에, 외관을 시멘트로 바른 후 그 위에 다시 시멘트를 흩뿌려서 멋을 낸 건물이었다. 그 거친 표면을 담쟁이 넝쿨이 2층 지붕에 이르기까지 뻗쳐 있었다. 현관에 매달어 놓은 '노렌_{식당입구에 걸어놓은 상호가 새겨진 포렴}'과 후지야 라는 입간판이 없었다면, 아마 운치 있는 민가정도로만 보여질 것 같았다.

구미초와 동수가 방문하였을 때는 빈자리가 없었다. 금방 자리가 난다며 기다려 달라는 주인장의 말에 밖으로 나가려는 순간, 하마터면 음식을 나르던 점원과 부딪힐 뻔 했다.

"앗, 죄송합니다, 손님. 잠시 비켜주세요⋯."

흰색 앞치마와 흰색 두건을 머리에 쓰고 음식을 나르던 점원과 눈이 마주치자, 동수는 깜짝 놀랐다. 아까 전차를 운전하던 그 여자아이였기 때문이다. 소녀는 음식을 손님 테이블에 올려놓자마자 종종 걸음으로 주방 안으로 쏘옥 들어갔다.

"얼마나 신기했는지 몰라. 그 얘랑 그렇게 지나치고 나서 또 만날 줄이야 누가 알았겠어?"

동수는 신기하게 바라보는 연철이의 어깨에 손을 얹으며 말했다.

"그러구선 식사를 하려고 자리에 앉았지."

빈자리가 생겨 다시 식당 안으로 들어간 동수는 구미초와 마주앉아 음식을 주문하고 나오기만을 기다리고 있었다. 우동이란 것을 본 적도 들어본 적도 먹어본 적도 없는 우리들은 도대체가 어떤 음식이냐는 쪽에 관심이 쏠렸다. 사실 동수도 구미초 덕분에 처음으로 우동을 맛보게 된 것인데, 과연 그 맛이 어떤지 기대감과 초조함으로 시선을 고정시키지 못하고 있었다.

그런데 이건 웬걸? 동수 앞에 놓여 진 음식은 우동이 아니었다. 아니 정확히 얘기하면 우동이 뭔지 몰랐으니까 뭐가 놓여 진 것인지 잘 몰랐다. 우동은 얇게 슬라이스한 다랑어포와 다시마로 우려낸 국물에, 분홍

빛과 흰색으로 모양을 낸 어묵 한 조각, 그리고 총총 썰어 놓은 대파를 칼국수 같은 면발 위에 살살 뿌려놓은 심플한 음식이다. 허나 동수 앞에 놓인 음식은 어딜 보아도 죽이었다.

'…응?'

의문스러운 눈동자와 고갯짓에 구미초가 푸핫 하고 웃음보를 터뜨렸다.

"그래, 어딘선가 본 듯한 음식, 바로 그 죽이다."

그렇게 말하고는 또다시 호탕하게 웃어 재꼈다.

한참만에 웃음을 멈춘 구미초가 웃음 때문에 고인 눈물을 닦으며 설명했다.

"그래, 이건 우동이 아니야. 근데 왜 우동집에서 이걸 파냐고? 그야 물론 이곳은 명실상부 우동집이다. …전에는 말이야."

구미초는 손수건을 꺼내 코를 팽하고 풀었다.

"알다시피 전쟁이 장기화되면서 물자가 동이 났잖아. 이젠 군량미로 가져갈 건 다 가져가서 남은 게 거의 없어. 이 따위 전쟁 도대체 무슨 목적으로 하려는지 몰라. 일본이 망해 가는 판에…."

구미초는 자신의 발언에 자신이 놀라 주위를 살폈다.

"당연히 우동을 만들 밀가루 따위가 있겠냐? 남은 곡식을 이것저것 섞어서 죽 정도 만드는 게 고작이지. 이 집도 요 근처에선 모르는 사람이 없을 정도로 맛있는 집이었어. 역에서도 가까우니 손님도 제법 많았지. 하지만, 지금은 이 모양이야. 언제가 되야 제대로 된 우동을 먹을는지."

구미초는 한 숟가락 가득 죽을 푸더니 단숨에 입에 넣었다.

동수도 구미초를 따라 한 입 물었다.

"앗 뜨거!?"

푸하하핫. 구미초가 배꼽을 잡고 또 한바탕 웃음보를 터뜨렸다.

구미초가 워낙 쉽게 먹기에 아무 생각 없이 한 숟가락 입에 넣은 게 잘 못이었다. 모락모락 피어오르는 김이 보이지 않을 뿐, 실은 매우 뜨거웠 다.

혀를 내밀며 어쩔 줄 몰라 하자, 소녀가 부리나케 찬물을 갖다 주었다. 동수는 급하게 찬물로 데인 혀를 식혔다.

"하, 하… 천천히 먹어야지. 후후 불면서 말이야."

구미초는 어린애 취급하듯 먹는 방법에 주의를 주면서, 정작 자기 자신 은 식히지도 않고 덥석덥석 잘만 입에 갖다 넣고 있었다.

"아하, 잘 먹었다….”

눈 깜짝할 사이에 한 그릇을 뚝딱 해치운 구미초는, 카운터에 가 계산 을 마쳐 버렸다. 동수의 그릇에는 아직도 죽이 반절 이상 남아 있었다.

"아, 서두를 필요 없어. 난 더워서 먼저 나가 있을 테니까 천천히 먹고 나와."

동수가 서두르려 하자, 구미초가 동수의 어깨를 지그시 누르며 제지했 다.

이윽고 그릇의 바닥이 보이자, 안도의 한숨을 몰아쉬고 자리에서 일어 났다. 그리고 잠시 잊었던 소녀의 존재가 마음에 걸렸다. 소녀의 모습을 찾았으나 보이지 않았다. '다시 한번 봤으면'하는 아쉬움에 쭈뼛거리다가, 하는 수 없이 밖으로 나왔다.

"왜? 우동이 아니라서 불만? 아님, 죽 한 그릇으로는 좀 부족해서 그래?" 구미초가 담배를 발끝으로 밟아 끄면서 동수를 쳐다봤다.

"아, 아닙니다. 아주 잘 먹었습니다."

그때였다. "다녀오겠습니다."라는 소리와 함께 소녀가 우동집에서 나오는 게 아닌가.

"오, 아까 그 전차를 몰던 아이?"

구미초가 지나가는 소녀의 뒤에 대고 말을 걸었다.

"예? 저를 보셨나 봐요?"

"맞지? 그래, 얼핏 기억이 나더라고. 아까 식사하면서도 어디서 본 것 같다는 생각이 들었는데, 이제 생각이 났어"

구미초는 자기 기억이 맞았다는 것이 좋은 건지 소녀를 만난 것이 좋은 건지, 싱글벙글하며 소녀와 어깨를 나란히 하였다. 동수는 두 사람의 뒤를 한 걸음 떨어져서 걸었다.

"전차운전은 어렵지 않아? 이런 전시기戰時期에는 한 사람의 손이라도 아쉽지. 여기 이 녀석도 대일본제국을 돕기 위하여 반도半島에서 온 녀석이야. 응징사應徵士가 되어서 말이야. 고생들이 많아… 그래 이름은 뭐야?"

구미초는 자기가 하고 싶은 말을 단숨에 내뱉었다.

"후지사와 미에藤澤美江라고 합니다."

"후지사와 미에藤澤美江?"

소녀는 자신의 이름이 히로시마시를 여러 갈래로 흐르는 오타가와太田川처럼 아름답게 자라달라는 의미에서 붙여진 것이며, 자신은 히로시마 고등여학교 2학년에 재학중이라는 것을 설명하였다.

"예쁜 이름이군. 안 그런가?"

갑자기 구미초가 동수쪽을 바라보며 동의를 구했다.

동수는 갑작스런 질문에 그저 고개만 끄덕거렸다.

"아 정말 난감하더라구. 그냥 뒤에서 두 사람의 대화를 듣고 있었는데, 갑자기 질문을 던지니, 답을 해야 하는 건지 말아야 하는 건지. 답을 하면 쭈욱 두 사람의 대화를 엿들은 것 같은 기분이 들고 말이야"

동수는 당시가 생각난 듯 양 볼이 불그스레해 졌다.

전차 승강장에 도착하자, 갑자기 구미초가 서류를 놓고 나온 것 같다며 급하게 히로시마역으로 다시 돌아갔다.

"어디서 내리면 되는지 알지? 먼저 조선소로 돌아가 있어. 미에 양이 길안내를 해 주면 좋겠는데, 부탁해도 될까?"

구미초는 동수에게 한 쪽 눈을 찡긋 감아 보이며, 소녀에게 부탁을 하였다.

"그러지요. 제가 운전하는 전차를 타면 될 거니까요"

구미초는 재차 소녀에게 동수를 당부한 뒤, 종종걸음으로 역내로 사라졌다.

미에는 승강장 앞에서 배차를 관리하는 사람과 뭔가를 주고받더니, 정차 중인 전차에 올라타며 동수에게 타라고 손짓했다.

"내가 지리를 알아야지. 그래서 하는 수 없이 그 애한테 부탁하는 수밖에…."

모두가 숨을 죽이고 동수의 이야기에 귀를 기울였다.

그 때 우리 방 바깥쪽이 어수선하더니, 문이 벌컥 열리며 소대장이 '점호준비'를 외친 후 사라졌다. 이야기에 정신이 팔려 취침시간이 다가 왔음을 잊고 있었다.

"젠장, 중요한 순간에 점호야. 그냥 자지. 나 점호 하고 올테니까 기다려. 절대 내가 올 때까지 이야기하면 안돼!"

연철이가 아쉬움을 뒤로 한 채 자기 방으로 돌아갔다.

점호가 끝나자 우리들은 잠자리에 든 것처럼 위장하고, 동수자리로 모였다. 우리 방으로 다시 돌아온 연철이는 잠도 잊었나 보다. 눈동자가 또 렷또렷하다. 우리는 주위가 조용해질 때까지 잠시 기다렸다. 이윽고 여기저기서 코 고는 소리가 들려왔다. 이와 벼룩에 물린 자리를 북북 긁는 소리도 들렸다. 여긴 무슨 놈의 벼룩이 많은지. 잠자기 전에 이불을 탁탁 털고 자도 아침나절 일어나 보면 다시 한 가득이었다.

나는 벼룩에 물린 허리춤을 긁으며 동수 옆자리에 배를 깔고 누웠다. 팬티끈을 따라서 벼룩들이 집단거주라도 시작했던 것인지, 나는 유독 허리춤만 집중 공격을 당했다. 이제는 하도 긁어댄 탓에 허리를 빙 둘러 검붉은 띠가 생겼다.

동수는 벌렁 누워 천장을 바라보며 이야기를 시작했다.

"가만, 내가 어디까지 했더라?"

"전차를 다시 타고 돌아오는 길…부터."

"아, 그래 전차를 탔지. 미에가 운전하는….."

전차를 타자 미에는 동수를 자기와 떨어지지 말라며 운전석 바로 뒷자리로 안내하였다. 시키는 대로 운전석 뒷자리에 자리를 잡고 앉았다. 시발점이 히로시마역이라서 그런지 한 칸뿐인 전차 안에는 할머니 한분과 아주머니 한분, 아이 둘, 그리고 동수가 승객의 전부였다.

미에와 마찬가지로 여학생처럼 생긴 차장이 "핫샤發車, 오라이all right"를 외치자, 전차는 덜커덩 하는 쇳소리와 함께 몸부림을 치는가 싶더니, 육중한 몸을 좌우로 흔들며 본선으로 들어섰다. 본선本線은 히로시마역을 출발하여 고이己斐역에 이르는 5.4km 구간으로 히로시마시의 중심지를 관통하는 중요 노선을 말한다.

"이런 전차를 움직이다니 정말 대단하군요"

동수가 감탄하자, 미에는 정면을 응시한 채로 "숙달되면 별거 아녜요"라며 짤막하게 답변하였다.

"아무튼 나라면 상상도 못 할 거야. 자전거도 탈 줄 모르는데, 어디 전차를…"

동수가 혼잣말처럼 중얼거리자, 미에는 빙그레 웃으며 동수를 한번 쳐다보았다.

"조선에서 오셨다면서요? 겉으로 봐서는 조선사람, 일본사람 구별이 가질 않네요."

다시 정면을 응시하며 미에가 물었다.

"쇼와 19년1944년 가을에 응징사로 왔어요. 대일본제국 신민으로서 영예로운 대동아전쟁의 산업전사가 되어야 한다고 총독부가 난리를 피우길래⋯."

동수는 피식 웃으며 미에를 쳐다보았다. 미에도 힐끗 동수를 보더니 살짝 미소를 지었다.

"아까는 미안했어요. 웬 짓궂은 사내가 저를 조롱하는 것으로 오해했어요."

"아, 아녜요. 여자가 전차를 운전하는 모습을 처음 본데다가⋯ 또⋯"

동수는 전차의 육중함과 소녀의 가녀린 모습이 언밸런스하면서도 묘하게 어울리고 있다는 것을 문득 느꼈다. 미에의 미모 또한 예사롭지 않다는 점이 소녀운전사와 전차의 조합을 더욱 매력적으로 만들었으나, 동수는 입에 담지는 않았다.

"또? 또, 뭐요?"

"⋯⋯"

동수는 답이 궁색하여 화제를 바꿨다.

"근데, 아까 그 우동집은?"

동수의 말이 끝나기가 무섭게, "그거, 우리집이예요"라고 한다. 이미 예상하고 있었던 모양이다.

전차가 사람들 왕래가 많아진 핫초보리八丁堀에 정차하자, 미에는 뒤돌아보며 말했다.

원폭투하 당시 히로시마를 달리던 전차. 현재 651호, 652호가 운행중이다(2012.8.6. 촬영)

“그 집 이름이 ‘후지야’잖아요? 우리 집 이름을 딴 거예요. 주방장이 아빠시고. …아깐 점심식사 시간에 여유가 생겼기에 도와주러 잠시 들렀던 거예요.”

또다시 차장의 ‘핫샤, 오라이’ 구령에 미에는 자세를 바로잡고 전차를 움직이기 시작했다. 그 후론 내리고 타는 손님들이 많아지기 시작하여 더 이상의 대화가 불가능해졌다.

전차가 본선 ‘도바시土橋역’에 가까워지자 미에가 동수를 돌아보며 말했다.

“다음역에서 내려 ‘에바江波’행 전차로 갈아타야 해요. 에바역이 종점인데 조선소가 가까워요. 그곳부터는 찾아갈 수 있겠죠?”

동수가 고개를 끄떡하자, “일요일에 나올 수 있어요? 히로시마시를 구경시켜 드릴게요. 괜찮다면 친구분들과 함께 오세요. 멀리 조선에서 우리를 도우러 일부러 오셨는데, 좋은 추억을 남기셔야죠?”

전차가 출발하기 시작하자 미에는 손가락 세 개를 펴 보이며, “세 시요!”라고 외쳤다. 그러나 전차소리와 경적소리가 순식간에 미에의 목소리를 삼켜버렸다. 동수는 손가락 세 개만을 응시하였다.

“그리하여… 이번 일요일에 나가게 된 것이다 이거야. 장소는 ‘후지야.’”

나와 범성이의 입에서 “오~” 하는 탄성이 동시에 나왔다. 옆에서 잠이 든 연철이가 그 소리에 움찔하기에 깨는가 싶더니, 이내 모포를 머리 위까지 뒤집어 덮고는 다시 쌕쌕거리며 잠이 들었다. 동수의 이야기에 제일 관심을 표명하던 녀석이, 뭐가 피곤한지 제일 먼저 잠에 떨어져 있었던 것이다.

동수는 의기양양한 표정으로, 나와 범성이를 번갈아 보더니, "세 명 오라는 거라. 아마 그 쪽에서도 세 명이 나올 거야" 라며 의미심장한(?) 웃음을 짓더니, 장난스럽게 내 옆구리를 콕콕 찌르며 간지럼을 태웠다.

그런데, 나중에 정말 나중에 알게 되었지만, 미에는 손가락 세 개를 내보이며, "세 시時요!"라고 시간을 알려준 것이지, "셋이요"라며 인원을 말해 준 것이 아니었다. 결국 우리는 그 손가락 세 개로 인해 낭패를 보고 말았지만….

아무튼 나는 내 자리에 돌아와서도 좀처럼 잠이 들지 못했다. 사실 호기심 왕성한 나로서는 숙소와 조선소를 변함없이 왕래하는 일상이 무료함을 넘어 슬슬 짜증나기 시작했다. 그런 시점에서 새로운 만남의 제의는 청량제와 같은 존재였다.

과연 히로시마시는 어떤 도시일까? 일본인들의 생활은 어떻게 우리와 다를까? 미에란 아이는 어떤 아이일까? 우동은 어떤 음식일까? 오만 생각에 뒤척이다가, 잠을 잔 것인지 눈만 감고 있었던 것인지 모르는 사이에, 아침을 맞이하였다.

첫 만남의 긴 터널

드디어 기다리던 일요일이 되었다.

동수와 나, 연철이, 범성이 네 사람은 외출을 허락받고 숙소를 빠져 나왔다. 숙소를 나오면서 료감으로부터 6시까지 복귀하도록 단단히 다짐을 받았다.

"칫, 도망가기라도 할까봐 그러나, 어린애처럼 다짐까지 받고 난리야"

고향에 있었으면 얼른 장가가라고 성화가 이만 저만이 아닐 나이인데, 아이취급 받은 것이 몹시 못마땅했던지, 연철이가 땅바닥에 침을 퉤 뱉으며 중얼거렸다. 바지 주머니에 양 손을 집어넣고 뒤뚱뒤뚱 팔자걸음을 걸으며 침을 뱉는 모습이란, 영락없이 반항하는 십대의 모습 그것이었다.

"그러게 말이다. 설사 그런 마음이 있다 하더라도, 아는 사람이 하나도 없는 이역만리에서 딱히 도망갈 곳도 없는데 말이야, 그치?"

범성이가 달래듯 연철이에게 다가가며 맞장구를 쳤다.

"에잇, 화나는데 너나 대신 이걸 먹어라" 연철이가 주먹 쥔 손 중지를 살짝 들어올려 꿀밤을 떼리려는 모습으로 곁에 있는 범성이의 머리를 향해 휘둘렀다. 둘이 그런 모습으로 옥신각신 장난을 치며 걸어가는 모습을 나와 동수가 지켜보며 뒤를 따랐다.

우리는 일단 조선소에 출퇴근하며 다니던 '쇼와오하시昭和大橋'를 건너 '후나이리 미나미마치舟入南町'까지 가기로 하였다. 그곳에서 전차를 타고 '도바시土橋'까지 가서 이번에는 본선으로 갈아탈 생각이었다. 그리고

154

이 모든 여정은 유경험자인 동수가 맡기로 하였다.

히로시마를 구경하는데 필요할 것으로 생각되는 비용은 각자의 주머니에서 염출하였다. 조선소에서 한 달에 한번 씩 용돈조로 받은 현금을, 쓰지 않고 차곡차곡 모아 둔 돈이다. 만약을 대비한 비상금만 각자의 호주머니에 챙겨 놓고, 나머지는 모두 동수에게 주었다.

'도바시'역까지 가는 전차는 우리들을 유쾌하게 하였다. '응징사' 휘장을 가슴에 단 우리를 보고 전차삯은 필요없다고 하였다. 일본제국을 위해 힘써주는 산업전사에게는 당연한 처사라며 치켜세웠다. 그 소리를 듣자 괜시리 휘장이 있는 왼쪽 가슴을 더 내밀고 싶어졌다.

그러나 그 기분은 오래가지 못했다. 종점인 히로시마역에 도착하자, 동수의 곤혹스러운 표정과 함께 일이 꼬이기 시작했기 때문이다.

"왜 그래? 동수야. 뭐가 잘못됐어?"라고 내가 묻자, 동수는 "글쎄, 뭐가 잘못됐는지…"라며 말을 흐렸다.

머뭇머뭇하는 동수를 잠자코 우리 일행이 바라보고 있자, 동수가 입을 열었다.

"사실은 지금까지는 자신이 있었는데, 막상 히로시마역까지 와 보니까 방향을 잘 모르겠어."

처음 히로시마역에 왔을 때는, 구미초를 따라 오기만 했을 뿐이므로 정확한 방향 따위 문제가 되지 않았다. 물론 다시 올 생각으로 주의 깊게 주위를 살펴보지도 않았다.

그런데 막상 당도하고 보니, 그 길이 그 길처럼 보이고, 어디를 어떻게 지나쳤는지도 잘 기억이 나지 않는다는 것이다.

우리는 동수 자신이 해결할 수밖에 없는 문제임을 알기에, 잠자코 그의 기억이 되살아나기를 기다리며 길가에 쭈그려 앉았다.

"가만 있자, 여기를 이렇게 돌아서 저쪽으로 간 것 같은데‥‥."

동수는 한쪽 길로 사라졌다 다시 나타나고, 또 다른 길로 사라졌다 다시 나타나고를 서너 차례 반복하였다. 그 모습은 마치 사냥감의 엷은 흔적을 찾아 헤매는 사냥개 같았다.

드디어 뭔가 실마리를 잡았는지, 환한 낯빛으로 동수가 달려왔다.

"오래 기다렸지? 휴~ 이제 알았어. 일루 와."

우리에게 다가오기가 무섭게 동수가 왔던 길로 몸을 돌리며 오라는 손짓을 하였다.

"임마, 밤이 되는 줄 알았다."

눈을 흘기며 범성이가 자신의 어깨로 동수의 어깨를 툭 건드렸다. 그 뒤를 연철이와 내가 따랐다.

그런데, 동수를 더 난처하게 만든 것은 그 다음이었다.

어렵사리 찾았다고 하는 우동집 '후지야'. 담쟁이 넝쿨로 덮여 있는 '후지야'의 현관은 굳게 닫혀 있었다. 현관 앞에 걸려 있던 '노렌'도 걷히고 없었다. '노렌'이 없다는 것은 영업을 하지 않는다는 의미다.

들뜬 기대감에 아침식사도 뜨는 둥 마는 둥 거들먹거리다 나왔는데‥‥ 이미 뱃가죽과 등가죽이 랑데부한 채로 '꼬르륵, 꼬르륵~' 사랑의 세레나데를 부르고 있었다.

156

"이게 대체 어찌 된 거야? 분명 이곳으로 오라고 한 거야?"

내가 확인하듯 물어보았다.

"응, 틀림없이 자기 집으로 오라고 했는데… 그래서 죽도 먹을 겸 점심에 도착한 건데…"

"정확하게 시간을 알려주진 않은 거고?"

내가 재차 질문을 하자, 동수는 '그게 글쎄 확실하지는 않았던 것 같고. 아무튼 점심에 오면 만날 수 있을 거라 생각하여 시간에 맞춰 온 건데… 허어 참'하며 중얼거렸다.

사태를 정리하자니, 미에가 동수에게 알려준 것은 장소와 인원수 뿐, 언제 만나자고 시간을 알려준 것은 아니라는 결론에 이르렀다.

"어휴, 기가 막혀서. 정말 약속은 한거야?"

연철이가 짜증을 내며 다그쳤다. 동수의 신용도가 땅에 떨어졌다. 이번 일이 사실인지 그 자체도 의심받기 시작했다.

"그럼! 틀림없어. 내가 너희들에게 괜한 거짓을 하겠니? 거짓이면 내가 성을 갈겠다."

동수가 필사적으로 자신의 말을 변명하였다.

"너 이미 성을 갈았잖아? 또 갈아버릴 성이 있니?"

연철이가 빈정댔다. 그 말이 한편으론 맞기도 하고, 또 한편으론 우습기도 하고, 그리고 뭔지 모르게 슬프기도 하여 갑자기 모두 입을 다물었다.

범성이가 그 자리에 털썩 주저앉아 신발을 벗고 구멍 난 틈새로 들어온 모래를 하릴없이 탁탁 털어댔다.

동수는 연신 빗장이 걸린 현관문을 흔들어 보았지만, 안에서는 인기척 하나 없었다.

"그만 해. 다른 곳에 가서 요기나 채우자."

범성이가 벗었던 신발을 정성스레 신으며 말했다. 하지만 모두 딱히 음식을 사먹을 만한 곳이 생각나지 않았다. 태평양전쟁의 전황이 악화되면서 배급물자도 사정이 나빠졌을 뿐만 아니라, 통제도 날로 심해져 돈이 있어도 어디 먹을 만한 곳을 찾기가 쉽지 않았다.

나는 아까 오면서 봤던 '도코로땡우뭇가사리묵'이 생각났다. 크게 영양가가 있을 것이라고는 생각되지 않았지만, 주린 배를 채울 수는 있을 것이라는 생각이 들었다.

"오다가 얼핏 먹을 걸 파는 손수레를 본 것 같아. 일단 그리로 갈까?"

정해진 시간에 항상 점심을 먹다보니, 그 무렵이 되면 기가 막힐 정도로 정확하게 생체시계가 작동하였다. 그런데 이미 그 시간을 두어 시간 지나치고 보니, 허기지다 못해 아예 맥이 빠져 버렸다. 더욱이 소녀들과의 만남까지 수포가 되었으니….

우리는 유령처럼 흐물흐물한 걸음으로 '후지야'를 뒤로 하였다. '응징사' 휘장을 자랑삼던 아까의 당당한 기백은 개뿔. 이미 개나 주고 말았다. 동수는 그래도 미련이 남았는지 가게가 보이지 않을 때까지 연신 뒤를 돌아보았다. 그럴 때마다 연철이가 동수의 어깻죽지를 잡아당겼다. 입에 담지는 않았지만, '관둬라'를 의미하는 듯 했다.

“꺼억~.”

도코로땡을 얼마나 먹었을까? 주인장도 우리 먹성에 입을 벌리고 다물 줄을 몰랐다. 모르긴 몰라도 아마 그날 매상은 우리 네 명으로 충분히 달성하고도 남았을 것이다. 덕분에 네 명 호주머니에는 단 한 푼도 남지 않았다. 단 한 푼도.

우리는 숙소까지 걸어가야 했다.

당분간 도코로땡의 도자만 들어도 헛구역질이 날 것 같은 기분이다. 배를 채우는 건 좋지만, 역시 한 가지 음식만 잔뜩 먹는 것만큼 미련한 짓은 없다. 갑자기 예전에 경성에서 일어났던 일이 머리에 떠올랐다.

어느 날, 일본인 주인이 아들결혼을 축하하는 축하연을 자택에서 연 적이 있었다. 손님맞이에 대비하여 음식을 집에서 준비하였는데, 코흘리개 손이라도 아쉬울 정도로 일손이 모자랐다. 하는 수 없이 나도 소매를 걷어 올리고 부엌일을 도왔는데, 그 일이 산적 굽는 일이었다. 새벽부터 시작된 준비는 점심, 저녁을 지나 자정 무렵이 되어서야 끝이 났다. 다시 말해서 나는 하루 종일 산적을 구웠던 것이다.

산적을 준비하면서 처음에는 간을 보느라고 몇 개 먹어보다가, 배가 고프기도 하고 입도 심심하기도 하여 그때마다 입에 넣곤 하였는데, 정작 식사 때에는 헛배가 불러 다른 음식은 아무 것도 손 델 수가 없었다.

그 뿐만이 아니다. 코끝에 들기름냄새가 배어 사나흘간 사라지질 않았다. 덕분에 한동안 산적이라 하면 머리가 지끈지끈 아파, 생각도 하기 싫었던 적이 있다.

그런데 갑자기 그 때의 기억이 떠오르다니, 기분이 묘하다. 들기름 냄새와 산적을 상상하는 것만으로도, 나는 나도 모르게 눈살을 찌푸리며 몸을 부르르 떨었다.

그랬더니 친절하게도 나란히 걷고 있던 연철이가 "왜? 기분이 좋지않아? 도코로땡이 넘어올 것 같니?"라며 등을 문질러 준다.

'아아, 도코로땡의 도자만 들어도 역겨운데, 연철아, 그만…' 이라는 말이 혀끝까지 나왔지만 머릿속에서만 맴돌았지 입에 담을 수가 없었다. 아니, 그럴 여유가 없었다. 나는 배를 움켜잡고 헛구역질을 시작했다.

"우웩!"

남의 담벼락에 한 손을 대고 뱃속 깊은 곳에서 솟구쳐 나오는 중저음의 구역질 소리에, 갑자기 동수와 범성이가 동참하였다.

"우.. 우... 우억"

"컥.. 컥..."

녀석들도 나와 마찬가지로 속이 좋지 않았던 모양이다. 누군가 시작해도 이상하지 않을 정도로 모두 속이 좋지 않았는데, 그 최초의 불씨를 내가 당겼던 모양이다.

녀석들은 마치 기다리고 있었다는 듯 나보다도 더 기세 있게 소리를 질러댔다.

'나원 참…'

히로시마시 번화가 한복판에서 헛구역질 트리오가 연출되고 있다니.

지나가는 사람들마다 이 희한한 촌극에 눈을 동그랗게 뜨며 곁눈질을 했다. 하지만 정작 당사자들은 아랑곳없었다, 그럴 여유가 없으니까. 대신 멀쩡한 연철이만이 우리 등 뒤에 서서 그 눈길을 죄다 받으며 난감해했다.

돌아오는 길에도 동수는 지나치는 전차마다 운전자를 유심히 살폈다. 미에와 비슷한 또래의 소녀들이 모는 전차 풍경이 정말로 이색적이었으나, 그의 눈은 오직 한명만 좇고 있었다. 그러나 미에의 모습은 어느 전차에도 없었다.

범성이의 새 친구?

그 일이 있은 후, 우리 넷은 더욱 가까운 사이가 되었다. 아마도 네 사람만의 비밀이랄까, 공유할 수 있는 공통의 추억이 생긴 까닭이리라.

작업장이 다른 동수와 범성이는 숙소에 들어와야 비로소 이야기를 나눌 수 있었다. 이야기를 나누는 시간이라고 해봤자, 점호를 준비하는 동안이나 잠자리에 들고 난 약간의 시간에 불과하지만, 우리는 그 시간을 소중하게 사용하였다.

범성이는 우리 넷 중에서는 가장 입이 거칠고, 기질 또한 거침이 없었다. 적어도 외견상으로는.

하지만 나는 알았다. 그가 속으로 정이 많으며, 눈에 띄지 않게 남을 배려하고 또 감성적이기도 하다는 것을. 단지 표현을 안 하는 것뿐이다.

그의 거침없는 행동은 사실 그의 섬세한 내성이 들춰질까 두려운 나머지 스스로 고안해 낸 장치, 혹은 위장막(?)이 아니었나 싶기도 하다.

한번은 쉬는 날, 식당동 담벼락 뒤에서 범성이를 목격한 적이 있었다. 범성아! 하고 부르려다가 그냥 소리 없이 그에게로 다가갔다.

범성이는 봄 햇살이 따스하게 내리쬐는 식당동 뒤켠 양지녘에 쪼그려 앉아 있었다. 가까이 다가가 보니, 그의 앞에는 비둘기 대 여섯 마리가 머리를 연신 앞뒤로 흔들면서 뭔가를 열심히 쪼고 있었다.

"구우, 구구구구... 구우, 구구구구"

범성이의 부름에 비둘기들은 일제히 그에게로 모였다. 단련된 동작이다. 그가 모이를 던져주면 쏜살같이 달려가 머리를 땅에 콕콕 찢는다. 모이가 한곳으로 집중될라치면 날개를 파다닥 거리며 남 위를 덮치는 놈이 있는가 하면, 부리로 제 동료 몸통을 쪼아 내치는 녀석도 보인다.

그 중 한 마리가 늘 쳐졌다. 머리와 앞가슴이 흰색인 그 녀석은 모이가 던져진 자리를 무리들이 한바탕 훑고 지나가면, 그 뒤를 쫓으며 이미 아무것도 없는 맨땅을 콕콕 찢는다. 이번엔 범성이가 그 녀석을 겨냥하여 모이를 뿌려주었는데, 양껏 받아먹어야 할 것을 우당탕 달려온 다른 녀석들의 기세에 눌려 오히려 그 자리를 내 주고 말았다. 그리고는 다시 아까처럼 이미 아무 것도 없는 맨땅만 하릴없이 어슬렁거렸다. 무리 중 서열이 제일 낮은 탓인가? 섭취한 것이 부실했던지 깃털에 윤기도 없다.

한 눈에도 야위어 보이는데, 가만히 보자하니 다리가 불편하다.

"휘잇!! 너는 이리 오고."

범성이가 자기 앞으로 다가오는 비둘기들을 손을 흔들며 내쳤다. 비둘기들이 푸드득거리며 뒷걸음질을 치는 바람에 뒤 쪽에 서있던 예의 그 비둘기도 움찔한다. 그 틈에 다시 모이를 던져 주었으나, 소용이 없었다. 다른 녀석들의 기민함이 범성이의 배려를 매번 허사로 만들었기 때문이다.

일련의 경과를 조용히 바라보고 있다가 범성이와 눈이 마주쳤다.

"어휴, 깜짝이야. 언제부터 있었어? 왔으면 말을 해야지, 말을"

범성이는 마치 봐서는 안 될 것을 들킨 사람처럼, 벌떡 일어나며 짜증 가득한 목소리로 말했다. 그리고는 한 발을 번쩍 들어 비둘기들을 쫓아냈다.

푸드득, 푸드드드득...

깜짝 놀란 비둘기들이 흙먼지를 날리며 전기줄과 지붕위로 날아올랐다.

범성이는 뾰로통한 얼굴로 나를 힐끗 쳐다보더니, 내 어깨를 툭 치며 지나갔다. 헌데 나는 녀석이 내 어깨를 툭 침과 동시에, 한손에 들고 있던 모이를 등 뒤로 탈탈 털며 가는 것을 보았다.

나는 못 본 척 범성이의 뒤를 따랐다. 근데, 내가 왜 거길 갔더라? 아 차, 우리 방에서 마실 물을 받으러 갔지. 빈 주전자를 달랑거리며 숙소에 도착하고 나서야 비로소 최초의 목적이 생각났다. '젠장, 머리가 나쁘면

손발이 고생한다니까…’

그 후로 나는 그 일을 완전히 잊고 있었다.

새순이 활짝 피어 연두색 신록이 참으로 보기 좋은 어느 날이었다. 그날은 봄비가 제법 촉촉하게 내리고 있었다. 새벽 무렵 시작된 봄비는 작업장으로 갈 시간이 되어도 좀체 멈출 기미가 없었다. 이런 날은 잠자리에서 일어나기가 싫다. 음산하기 때문이다. 2월에 들어서기가 무섭게 난로가 철거되어, 이후 새벽이 찾아올 시간대가 되면 추위가 엄습해 왔다. 일본제국이 대동아를 해방시키기 위한 성스러운 전쟁을 수행하고 있는데, ‘총후’를 지키는 우리들이 안락한 생활을 해서야 되겠느냐? 영미귀축과 혈전을 벌이는 황군에게 부끄럽지도 않느냐? 라는 별 잡스러운 이유를 잔뜩 갖다 붙여놓고 석탄 공급을 중단했다.

‘내가 전쟁을 시켰나? 지들끼리 시작해 놓고는 별 거지같은 이유를 대고 있어? 그냥 석탄배급이 줄어들어 난방유지가 어려워 졌다고 하면 되지’ 하는 말이 입안을 맴돌았다.

하여튼 항상 새벽녘이 되면 스믈스믈 엄습해 오는 싸한 추위 때문에 잠이 깼다. 그런데 거기에 비라도 올라치면 습기마저 더해져 온몸이 소금에 절여진 배추처럼 퍼져버렸다.

그날은 아침부터 비였다. 비는 소리 없이 오래전부터 내렸던 모양이다. 이미 목조건물들이 빗물을 한껏 머금고 있었고, 길 여기저기에 물웅덩이가 만들어져 있었다. 나는 모포 속 온기의 여운을 아쉬워하며, 줄을 지어 숙소를 나섰다.

잿빛 하늘과 잿빛 도시. 내리는 빗줄기가 끊임없이 둘을 연결시키고 있었다. 이런 날은 기분도 우울하다. 조금이라도 그 분위기에서 벗어나려면 생각을 비우는 수밖에 없다. 나는 작업장까지 이동하는 동안, 작업모 앞창으로 뚝뚝 떨어지는 빗방울을 멍하니 바라보기로 하였다. 그러다가 문득 정신이 들어 앞쪽을 바라보니, 빗줄기에 어기적어기적 무리지어 움직이는 노무자들 집단, 그 모습이 딱 산 송장 같았다.

그날 젖은 옷은 오전 작업이 마무리될 무렵이 되어서야 체온에 의해 겨우 말랐다. 불기 하나 없는 작업장에서 그나마 다행이다. 다만 문제는 식사를 배급받기 위해 식당동에 다녀와야 한다는 것이다.

이제 비로소 젖은 옷의 싸늘함이 만들어내는 소름에서 해방되었는데, 또 다시 젖어야 하나 생각하니 머리끝이 쭈뼛하며 입맛이 싹 사라졌다.

하지만 어디까지나 내 개인적인 사정일 뿐, 남은 조원들은 달랐다. 오전작업으로 왕성한 식욕이 고개를 들기 시작했고, 허기진 배를 채워 열량을 보충하고자 했다.

그리하여 나는 최대한 비와의 접촉을 피할 궁리를 했다. 건물과 건물사이를 처마밑을 이용하여 건너가거나 나무그늘과 나무그늘을 징검다리 삼아 건너거나 하면서 요령을 피웠다. 생각외로 성과가 있었다.

식사를 모두 마치고 나무도시락통과 젓가락을 반납하기 위해 돌아갈 때도 같은 방법을 사용하였다.

다만, 처마 밑을 지나려는 순간, 장애물을 만났다. 흐릿한 시야속에 처음에는 거무스름한 물체가 건물 끝부분에 놓여 있는 것을 보았는데, 조금씩 거리가 좁혀 오자 이내 그것이 사람임을 알았다.

범성이었다.

"어? 여기서 뭐하고 있어?"

큰 소리를 지른 것도 아닌데 움찔한다. 뭔가에 집중하고 있었던 모양이다.

"아…아, 별거 아냐."

쭈그려 앉아 있는 가랑이 사이로 뭔가를 감싸 쥐고 있었으나 잘 보이지 않았다.

"점심은?"

"아, 당연히 먹었지. 너는?"

"응, 나도 먹고서 이제 빈 통을 갖다 주려던 참이야. 이놈의 비는 언제까정 올려나. 퇴근시간에는 그쳐야 할 텐데 말이야…."

먹구름이 사방천지를 뒤덮은 하늘을 쳐다보며 말했다.

"……"

"자, 그럼 난 간다. 이따 보자."

앉아 있는 범성이를 돌아 건너가는데도, 그는 대답 대신 건성으로 고개만 까딱하였다.

'자식, 싱겁기는… 뭐 들키면 안 되는 소중한 거라도 갖고 있나…'

속으로만 생각하고, 그냥 모른 채 지나쳤다.

범성이는 동료들과 충분히 함께 할 수 있는 것들, 예를 들어서 음식이나 책, 신변잡화, 보급품, 의복, 심지어는 내복이나 편지까지도 공유하는 성품의 소유자였다. 그런 그가 내게 보일 수 없는 거라면, 그건 틀림없이 뭔가 특별한 거라는 생각이 들었다.

내가 지나가자, 뒤로 범성이가 슬며시 일어나는 기척이 느껴졌다.

'훗...'

내 예감이 맞았다는 생각에 살포시 미소를 지었다.

하늘은 내가 희망하던 대로 움직여 주지 않았다. 작업을 모두 끝마치고 숙소로 돌아갈 시간이 되었을 때도 밖에는 여전히 봄비가 대지를 촉촉이 적시고 있었다.

'젠장…'

그나마 다행인 것은 옷이 젖더라도 숙소에서 벗으면 된다는 것과, 자는 동안에 말리면 된다는 점이다. 이동시간만 잠시 참으면 된다.

숙소에 도착하자, 모두 젖은 옷을 갈아입고 목욕탕으로 향했다. 가뜩이나 냉기 가득한 침상에 눅눅한 습기까지 배어 버리면 따뜻하게 잠자리에 들기는 글렀다. 이럴 때는 따끈따끈한 탕 속에 몸이라도 담가 체온을 올려놓는 게 상책이다.

목욕탕 내부는 희뿌연 수증기와 함께 알몸에서 피어오르는 하얀 온기로 가득했다.

북적거리는 탕 주위를 기웃거리다, 겨우 자리를 잡고 부랴부랴 간단하게 몸을 씻고는 탕 안으로 쏘옥 들어갔다. 아래부터 위로 온기가 전해져 왔다.

'휴우...'

자신도 모르게 입에서 한숨이 흘러 나왔다. 그건 안도감이랄까 하루를 무사히 마무리했다는 성취감이랄까, 아니 아무래도 안도감에 가까운 한숨이었다.

사실 조선소에서는 크고 작은 사고가 끊이지 않았다. 당장 전장에 배치해야 할 전함을 만들다 보니 공정을 서두르기 일쑤였고, 그러다 보니 마음이 바빠져 사소한 부주의가 큰 사고로 이어지는 경우가 비일비재했다. 숙소에서 듣자하니 7층 높이 상단에 부품을 지고 나르다 용접 불빛에 순간적으로 시야를 잃고 '아시바^{발판}'에서 추락하는 사고가 있거나, 기관을 크레인으로 이동하여 장착시키다가 발이 끼여 골절이 되거나. 부품이 머리에 떨어져 두개골이 함몰되는 경우 등, 실족사, 골절, 화상, 절단 등 부상자와 사망자가 줄을 지었다.

그런데 이와 같은 사고가 빈번하게 발생하는 위험천만한 작업장에는, 예외없이 강제동원된 조선인들이 배치되었다. 이와 같은 작업배치상황도 처음에는 잘 몰랐다. 이후 작업환경에 대해 이해가 되기 시작하면서, 이 기정사실화된 작업배치에 의문을 갖기 시작했다. 우리 조선인들이 가만히 있을 리 없다. 도무지 납득이 되지 않는 행태를 묵과할 수는 없는 것이다. 일본기업은 이미 일본내 탄광이나 공장에서 조선인의 노동쟁의를 경험하고 있어서 조선인의 기질을 익히 알고 있었다. 항의가 있을라치면 부랴부랴 설명을 한다는 것이 '조선소는 원래 숙련된 전문 기술을 요하는 업종인 관계로, 단순 노역에 단련된 반도인^{半島人}은 배치할 수 없었다'든가, '반도인이 배치된 곳에는 일본인도 배치되어 있다. 어찌 황국 신민으로서 '일시동인'의 숭고한 뜻을 저버렸겠는가' 등의 이유로 얼버무리는 정도였다.

그리고 그 후에는 반드시, 정말 단 한 번도 어김없이 '不逞鮮人' 사냥이 있었다. 주모자 색출인 것이다.

실은 조선소측 처우에 항의하여 범성이가 크게 치도곤을 당한 적이 있었는데, 그 무용담은 잠시 접어두자.

목욕을 마치고 숙소로 돌아오자 점호준비를 하던 동료들이 우당탕 난리법석이다.

"야! 바깥쪽 창문을 열고, 그렇지, 그렇게…"

"이쪽부터 몰테니까 그쪽 잘 지켜."

뭔일로 호들갑인가, 눈을 동그랗게 뜨고 안을 들여다보았더니, 비둘기 한 마리가 천장근처에서 푸드덕거리며 우왕좌왕하고 있었다.

'앗, 저건 범성이의 그 비둘기?'

흰색 머리와 목이 눈에 익다. 저게 왜? 라고 생각하는 바로 그 순간 녀석이 내 머리를 향해 돌진해 왔다.

"야! 비켜!"

동료의 고함소리에 나는 본능적으로 머리를 숙였다.

푸드덕, 푸드덕, …

머리위로 힘찬 날갯짓 소리가 나는가 싶더니, 이내 조용해 졌다. 열어 놓은 창을 통해 바깥으로 나갔나 보다.

"쭈쭈쭈쭛, 쭈쭈쭈쭛…"

머리를 감싸쥔 손을 내리며 뒤를 돌아보니, 누군가 바로 내 뒤에 서 있다. 범성이다. 그의 품에는 비둘기 한 마리가 둥지를 틀고 있었고, 범성이는 비둘기의 머리를 천천히 쓰다듬으며 달래고 있었다.

"어이쿠, 이거 새 다루는 솜씨가 보통이 아니신걸. 새박사신가봐."

파주골 가네무라가 빈정거렸다. 범성이가 가네무라를 노려보았다.

"아, 일전에 봤던 그 녀석이지?"

내 생각이 맞는지 범성이에게 확인하자, 고개를 끄떡였다.

"이 안에서는 키울 수 없을텐데 어쩔거야?"

범성이 옆에 앉으며 걱정스러워 물었다. 내심 무슨 생각이 있겠지 하며 그 생각을 듣고 싶은 점도 있었다.

"모르겠어. 불쌍해서 무작정 데려왔어. 그런데 말이야. 이 녀석이 다리를 좀 다쳤기에 치료를 해줬거든. 다리가 나아 멀쩡해 지면 자유롭게 여기저기를 날아다니며 자기 하고 싶은 대로 할 수 있겠다 싶어서. 근데 말이야… 이게 그새 나한테 길들여졌는지, 놓아줘도 날아가지 않고 내 주위만 맴돌아."

특별히 대책이 없다는 답변이 난감했지만, 측은하게 내려보는 범성이의 눈망울을 보고 그를 다그칠 수가 없었다.

"우리가 일본에 합병된 지 얼마나 됐지?"

그의 갑작스런 질문이 나를 당혹스럽게 했다.

"글쎄…, 한 삼십여 년 됐나?"

'하~'하고 깊은 한 숨을 몰아쉰 뒤 범성이가 입을 열었다.

"벌써 그렇게나? 옛말에 십년이면 강산도 변한다고 했잖아? 삼십년이면 강산이 변해도 세 번이나 변하는 세월이네…."

"그러네. 우리가 태어날 때는 조선은 없었고 이미 일본이었는걸."

나는 조심스럽게 주위를 둘러보았다. 모두 우리 둘의 대화에는 관심이 없는 듯 각자 제 할 일을 하고 있었다.

"불현 듯 이 녀석을 보면서 말이야, 이런 생각이 들더군. 우리도 이 녀석처럼 길들여지면, 가만 내버려 두어도 저항도 않고, 자유도 찾지도 않고, 그냥 지금의 현실에 안주하며 그자리만 맴돌 거라는 생각."

범성이의 눈빛이 빛났다.

나는 그저 쓴 웃음을 지어 보였다.

그날 밤은 하는 수 없이 비둘기도 2반 식구가 되었다.

범성이 도련님

범성이는 어딘가 어두운 빛이 있었다. 하지만 그 이유가 무엇인지 알 수가 없었다. 말수가 많지 않은 범성이로부터 단서가 될 만한 이야기를 듣기란 쉽지 않았기 때문이다.

그날도 나는 예의 식당동 뒤켠에서 비둘기와 함께 있는 범성이를 발견하였다.

"이젠 걷는데 전혀 지장이 없어 보이네."

나는 범성이 옆에 앉으며 열심히 모이를 쪼아 먹고 있는 비둘기를 바라봤다.

"응, 완전히 나았어. 날기도 잘해. 다리를 다쳐도 나는 데는 지장이 없
는 걸로 알았는데, 그게 그렇지 않더군. 아무래도 날다가 앉는데 무리가
가니까 나는 것 자체를 꺼리게 되는가봐. 근데, 지금은 잘 날라."

"원래부터 새를 좋아한 거야? 꼭 한번 묻고 싶었어."

내 질문에 범성이는 배를 움켜잡으며, 푸하핫 하고 웃음보를 터뜨렸다.

"내가 비둘기에게 모이를 주니까 그렇게 보였나보군. 그냥, 가여워서
그랬던 것뿐이야. 뭐 특별히 좋아한다고도 볼 수 없고, 아니다 라고 할
수도 없고. 아마 너와 다를 바 없이 보통일걸."

나는 특별히 새를 좋아하지 않기 때문에 나는 보통이 아닌가 보네 하
자, 다시 껄껄 웃는다.

"내겐 가족이 없어. 외삼촌을 가족이라고 보면… 전혀 없는 건 아니지
만. 아무튼 그렇다 보니까, 사실 외로워. 외로운게 싫어. 누군 외로우니
까 새도 키우고, 개도 키우고 한다지만. 나는 싫어. 왜냐하면 녀석들, 우
리보다 먼저 죽잖아? 나만 남겨 놓고 먼저 떠날 거란 말이야. 그래서 싫
어."

공기돌로 땅바닥에 '싫어'라고 낙서를 했다.

범성이가 내 어깨를 감쌌다.

"나도 외로운 게 싫어. 내겐 위로 형님이 두 명, 누나가 한 명 있어. 내
밑으로 동생도 한 명 있지. 다들 이렇게 얘길 하면 뭐라는지 알아? 다복
한 가정이군요. 형제들이 많아서 외롭지도 않겠어요, 하면서 말이야. 헌

172

데, 난 그렇지가 않아. 외로워."

이해가 되지 않는다는 내 말에 범성이는 한참을 가만히 생각하더니,

"우리 집이 연천이었다는 걸 말한 적 있었나? 나는 우리집이 특별하다는 걸, 학교를 다니면서 처음 알았어. 어릴 적에는 유모가 있어서 항상 나를 돌보아 주었지. 집에는 일꾼들이 늘 분주하게 왔다 갔다 했고, 밥상에는 항상 김이 모락모락 나는 흰쌀밥과 반찬들이 가득했어. 그게 보통인 걸로 알았어, 학교 가기 전까지는."

잠깐 시간을 두더니 다시 말을 이었다.

"그런데, 친구들은 아니더라구. 그래서 우리집이 특별하다는 걸 알게 되었지."

"재산이 많았나봐? 지금도 그런거구, 그렇지?"

"아, 그래. 물론 총독부의 토지조사사업으로 조상대대로 물려받은 땅을 얼마 잃기는 했지만. 여전히 지역에서는 부유한 편에 속하지."

"알고 봤더니 도련님이셨구나."

"창피해, 그런 말 하지마."

"왜? 그게 창피한 일은 아니잖아?"

"......"

범성이는 갑자기 입을 다물었다. 나는 괜한 질문을 했나 싶었다. 분명 부잣집 아들이라는 사실이 창피해야 할 일은 아닌 것 같은데. 반대로 가난한 것이 창피해야 할 일이 아닌 것처럼. 그러나, 범성이는 그것이 정말 창피했던 모양이다.

"사실, 그게 나를 몹시 괴롭혔어."

한참 만에 범성이가 무겁게 입을 열었다. 나는 잠자코 듣기만 했다.

"주위의 내 친척이나, 나의 가장 친한 친구들, 심지어 내가 아는 모든 사람들이, 다 부유했으면 좋겠어. 물론 부유하다고 모두 행복해 지는 건 아니겠지만, 최소한 불편한 생활은 안 하겠지. 그런데, 나만 불편한 생활을 안 한다면, 과연 내가 행복하겠니? 나는 내 친구들에게 늘 미안한 마음을 가졌어. 그들은 내가 그런 생각을 한다고 상상도 하지 못 하겠지만."

우리는 하늘을 바라봤다. 머리위로 흰 구름이 기분 좋게 둥실 떠다니고 있었다.

"형님들은 모두 일본에서 고등학교를 다녔어. 대학까지 진학했고. 큰 형은 도쿄에서 직장을 얻었지. 나도 일본에서의 진학이 예정되었지만, 내가 거부했어. 너도 잘 알다시피, 그런 와중에 전쟁이 터지자, 강제동원이 시작되었고 지역마다 인원할당이 강제되었잖아? 우리 집도 누군가 인력을 내 놓아야 했는데, 지역 유지로서 모범도 보여야 하니까 말이야. 그런데 돈이 좋다고, 우리 집 소작농의 아들이 우리 둘째 형 이름으로 대신 동원이 되었어. 마치 당연한 것처럼. 이번에도 다시 강제동원 얘기가 고개를 내밀더군. 할아버지와 아버지께서 지난번처럼 손을 쓰기 시작하셨구. 내가 한사코 반대했어. 내 대신 누군가의 아들이 가야한다는 것이 싫었어. 그게 내 친구였다면, 그건 정말 더 참을 수 없을 것 같았거든. 그래서 나는 스스로 나섰어, 아버지, 할아버지가 더 손 쓰시기 전에. 아버

174

지는 노발대발 화를 내셨지만, 할아버지는 따뜻하게 내 손을 꼭 잡아주시며 건강하게 잘 다녀오라고 하셨어. 그런데, 여전히 혼란스러워, 내가 지금 여기서 뭘 하고 있는지. 내가 전쟁가해자의 권력에 못 이겨, 가담하고 있다는 현실이 한심해."

그렇게 얘기하더니, 갑자기 나를 보며 환하게 웃더니 "네게 이런 말을 털어 놓다니… 아무튼 들어줘서 고맙고, 얘기를 하고 나니 한결 마음이 가볍군."하며, 손에 남은 모이를 바닥에 탁탁 털며 자리에서 일어났다.

나는 범성이의 어두운 그림자의 원인에 조금은 다가간 듯한 느낌이 들었다. 그리고, 착각일는지 모르지만, 그 후 범성이의 얼굴이 훨씬 더 밝아진 것 같았다.

갑자기 찾아온 이별

조선인 징용공들의 반복되는 징용 생활에 파문을 일으키는 사건이 터졌다.

그 일은 일요일 아침에 일어났다. 여느 때와 마찬가지로 우리들은 아침 기상 소리에 맞춰 자리에서 일어나 간단한 세면을 마치고 식당으로 향했다. 미쓰비시 히로시마조선소에서는 숙소, 식당, 작업장에 이르기까지 일본인과 조선인을 철저하게 분리하여 관리하고 있었다. 따라서 우리가 식사를 하던 북료식당에는 당연히 조선인만 있었다. 일본인은 남료식당에서 식사를 하였다.

그런데 매일 같이 반복되는 생활에 스트레스가 쌓일 대로 쌓인 상태에서, 만족할 만큼 먹을 수 없는 상황이 이어지자 불만은 폭발직전에 이르렀다. 일본인 식당도 사정은 우리와 같은지 의문이 들기 시작했다. 우리는 일본에 와서 처음으로 일본사회의 일상, 현지 거주 조선인과의 만남, 작업장에서의 일본인과의 생활, 이런 여러 장면들을 통해, 조선인이 일본인들로부터 차별받고 있음을 알게 되었다. 그러니 일본인 식당도 우리 북료 식당과 다를 바 없을 것이라고는 도저히 생각되지 않았다. 그리고 그 예상은 적중했다.

"욱, 이게 뭐야? 이걸 밥이라고 줘?"

식사가 시작되기가 무섭게, 누군가의 입에서 강한 의문이 제기되었다.

'무슨 일인데?'하고 소리 나는 쪽을 바라보며 한 숟가락 입에 문 나 역시 '욱'하고 말았다. 입안에 있던 음식물을 도로 뱉어 놓았지만, 입안에 가득한 구릿내는 좀체 가시질 않았다. 밥이 상해 있었던 것이다.

여기저기서 '욱'하는 소리, '이게 뭐야', '누굴 돼지로 아나?' 등 욕설이 난무하였다.

험악한 분위기가 들불 번지듯 순식간에 식당 전체를 에워쌌다. 식사를 담당하는 일본인 아줌마들이 안절부절 못하며 얼굴이 사색이 되어 버렸다.

"아니, 이거 보자보자 하니 너무 한 것 아녀? 밥 짓는 인간들이 말이여, 딱 보면 상했다는 걸 알겠는 걸, 이걸 글쎄 그냥 먹으라고 내논겨? 상한 건 알고 있었지만, 조센징들이 먹을 거니까 괜찮다, 그냥 내 놓자, 이런

겨? 입 다물고 그냥 쳐먹으라고?”

'차완茶碗' 밥그릇이 허공을 나는가 싶더니 와장창하며 요란한 소리와 함께 산산조각이 났다. 중국산 대두콩과 밥알이 식당 벽면 여기저기에 산란하였다. 벽에 팽개쳐진 밥덩이가 거미줄같은 긴 줄을 뽑으며 바닥으로 떨어졌다.

“이것 봐, 이것. 내 그럴 줄 알았어. 이게 남료식당 밥인데, 봐, 멀쩡하잖아?”

그새 행동이 재빠른 친구가 남료식당에 침투하여 밥을 들고 나타났다.

순식간에 식당 안이 부당함을 호소하는 분노의 소리로 가득했다.

소란스러움에 상황을 보러 달려온 일본인 중대장들은, 입구에서 멱살을 잡힌 채 옥신각신하고 있었다.

“조용히! 모두 조용히! 다들 내 말을 들어 보세요.”

누군가 식탁위에 탁 올라서더니 주위의 소란을 제지하였다. 범성이였다.

“이건 단순한 실수라고 보기 어렵습니다. 누가 봐도 사람이 입에 할 수 없는 음식인데, 뻔뻔스럽게 이걸 먹으라고 내 놓다니, 이건 우리 조선인들을 얕잡아 보고 저지른 처사입니다. 그냥 넘어갈 수 없습니다. 아니, 그냥 넘어가선 안됩니다. 우리가 인간이란 것을, 우리가 조선인이란 것을 확실하게 보여 줍시다.”

범성이의 외침에 우리들은 일제히 ‘와’하고 함성을 질렀다.

범성이는 식당 아줌마들을 바깥으로 대피하도록 지시한 후, 차완 그릇을 높이 쳐들어 바닥을 향해 내동댕이쳤다. 그러자 그것이 신호탄이 되어, 각자 손에 손에 차완 그릇을 들어 유리창을 향해 집어 던졌다.

"쨍그렁, 와장창"

식당안은 순식간에 아수라장이 되었다. 소동을 듣고 숙소 사감들과 공장직원들이 놀란 토끼눈을 하고 황급히 달려왔다.

"이게 도대체 무슨 짓이야? 조선 응징사로서의 명예와 자부심을 갖고 행동 해야지, 야만인도 아니고 무력으로 문제를 해결하고자 해서는 쓰겠나? 도대체 뭐가 불만이기에 이런 난폭한 행동을 하게 되었는지 먼저 들어보고 해결책을 강구해 보자고."

북료 사감이 식당 현관을 막아선 우리에게 애원 반, 설득 반으로 사태 수습을 위한 대화를 제안하였다.

"제가 괜찮다면 대화에 참가할까 하는데, 괜찮겠습니까?"

범성이가 식탁에서 내려오며 주위를 둘러보고 말했다. "그렇게 하시오.", "그동안의 문제점을 단단히 이르시오.", "만만한 상대가 아님을 증명해 보이시오." 등 여러 주문과 격려를 등뒤로 하며 범성이가 사감 앞으로 나섰다.

그러자 누군가가 범성이를 가로막고 충고하였다.

"잠깐, 이 참에 우리가 할 말은 해야 할 것 아니겠소. 이역만리 이곳까지 적의 포탄공격을 무릅쓰고 온 까닭이 무엇이란 말이오? 다 대동아공영의 꿈을 실현하고자 한 까닭 아니겠소? 그렇다면 일심단결하여 매진해도 모자랄 판에, 조선인과 일본인 사이를 갈라 대우를 달리하여 내부에 적개심을 양성하고 분열을 조장하여 무슨 득이 있겠단 말이오? 이러한 점을 낱낱이 고하여 두 번 다시 그런 부당한 처우가 있어서는 안 될 것임을 명확히 해야 할 것이라고 생각하오. 그렇다면, 요카와 군 혼자가 아니라 우리 소대장 중에서도 몇 명이 함께 참가하여 우리의 생각을 정확하게 전달하는 것이 좋다고 생각하오."

소대장 중 대표격의 인물을 범성이와 함께 보내는 것이 좋겠다는 의견에 모두가 찬동하여, 그 자리에서 세 명의 소대장을 결정, 결국 네 명이 대화에 참가하게 되었다.

대화가 진행되는 동안, 우리는 식당에 남아서 엉망이 된 실내를 정리하였다. 바닥에 너부러진 음식 찌꺼기와 깨진 유리조각, 각종 오물 등이 오히려 우리 자신에게 해가 되고 있다는 판단에서였다. 청소는 누가 나설 것도 없이 각자 알아서 요령껏, 동시에 매우 유기적으로 이루어졌다. 한 시간도 채 되지 않아 천여 명이 들어가는 대식당이 이전처럼 깔끔하게 정리되었다. 우리는 자리에 앉아 대표자들이 돌아오기만을 조용히 기다렸다.

그 때였다. 깨진 유리창 사이로 검은색 자동차가 서너 대 들어오더니 잠시 후 부리나케 되돌아가는 모습이 보였다. 그리고 동시에 누군가가 황급히 이쪽으로 달려오고 있었다.

"큰일 났어!! 우리 대표단이 경찰에 연행되어 갔어!!"

뒤통수를 얻어맞은 기분이었다. 대화를 하자고 하여 불려 나간 지 불과 한 시간도 지나지 않았다. '연막이다'라는 생각이 순간 뇌리를 스쳤다.

대화를 하자며 진정시켰던 건 어디까지나 시간을 벌기 위한 '연막'이었다는 생각이 들었다. 실내가 웅성웅성 동요하기 시작하였다. '범성이는 어찌 되는 것일까?'

기다렸다는 듯이 중대장들이 식당안으로 들이 닥치더니, 각자의 숙소로 복귀하도록 지시하였다. 허를 찔렸다. 감정이 누그러진 우리들은 대표자들이 연행되었다는 소식에 동력을 잃고, 말없이 지시에 따라 각자의 숙소로 돌아갔다.

일요일이라서 작업은 없었기 때문에 우리는 방안에서 하릴없이 뒹굴고 있었다. 그러나 단연 화제는 미쓰비시의 처사와 연행된 동료문제에 있었다. 옆방 연철이가 슬금슬금 들어오며 내 옆에 앉았다.

"어떻게 될 것 같아?"

"어떻게 되긴 뭐가 어떻게 돼? 경찰이 개입하는 순간 문제가 심각해 졌다고 봐."

우리 자리로 동수도 다가왔다.

"나쁜 자식들. 완전히 우리를 갖고 놀았어. 분명 그 네 명에게 죄를 뒤집어 씌워 본보기로 삼고자 할 거야. 두 번 다시 소동 같은 거 일으키지 못하도록 말이야…."

동수의 이마에 힘줄이 뻗쳤다.

"아니, 그 사람들이 뭘 잘못했다고? 소동을 주도한 것도 아니고, 또 그렇다 하더라도 그깟 유리창, 그릇 몇 개 깬 것 갖고…?"

연철이가 이해가 안 간다는 표정으로 동수의 얼굴을 빤히 쳐다봤다.

"그게 아닐걸. 일단 연행의 명목은 소동이겠지만, 그 배경에 '후테이센징不逞鮮人'의 사주가 있었다는 둥 사상의 이유를 들어 감금할지도 몰라."

나는 심각한 표정으로 말을 이었다.

"일전에 신문에서 읽은 기억이 있는데, 일본 탄광에선 종종 폭동이 일어난대. 노동환경, 주거환경이 너무 열악하니까 말이야. 그런데 탄광이란 게 산속 깊숙한 오지奧地에 있잖아? 공권력이 미치기 어려운 곳이지. 그러면 사측에서 조용한 말로 요구조건이 무엇인지 일단 듣고난 다음에 결정하겠노라 하고서, 대표자와의 대화를 제안한대. 그러고선 대개 주모한 사람이 대표격으로 참가하게 되거든, 그러면 나머지를 해산시켜 진정시킨 다음에 주모자를 린치한다는 거야. 모두를 불러내어 모두가 보는 앞에서, 잔인하게. 이를 '미세시메'라고 해. 즉, 본보기란 것이지. 다신 나서지 마라 이거야, 이런 꼴 당하기 싫으면."

"그럼 동수는 일종의 '미세시메'란 말이야?"

연철이가 당혹스럽다는 표정을 지었다.

"그럴 수 있다는 얘기지."

나는 한숨을 내쉬었다.

"그래 맞아, 나도 탄광이 아주 지독하다는 말을 들었어. 우리 조장은 말이야, 작업하다 조금이라도 실수가 있든가 지시한 대로 이행하지 않든가 하면, '니들 모두 탄광으로 보낸다. 그곳이 얼마나 힘든 줄 알아? 미쓰비시 계열의 탄광이 전국에 없는 곳이 없는데, 아무튼 제대로 걸려 봐, 탄광으로 보내 줄테니까!'라며 아주 협박을 하는 거야."

여주의 춘길이가 자기도 잘 아는 얘기라며 엉뚱한 '탄광행' 얘기를 늘어놨다.

"남은 애가 타서 심각한 얘길 하고 있는데, 아주 염장을 질러요, 염장을…"

연철이가 흰눈으로 째려보자,

"쟤는 지 방에서나 놀지, 왜 자꾸 와서 난리야."

라며, 자기 자리에 벌렁 누웠다.

나와 동수는 어이가 없어서 서로 바라보며 쓴웃음을 지었다.

저녁이 된 이후에도 범성이에 대해서는 아무런 연락이 없었다. 소대장에게 돌아가는 소식을 알려달라고 신신당부해 놓았지만 안심이 되지 않았다. 생각 끝에, 1중대 중대장인 니시하라西原씨를 찾아가기로 했다. 니시하라 씨는 일본에 거주하는 우리 동포로, 히로시마 현지에서 징용된 사람이었다. 우리보다는 히로시마나 일본 실정에 대해 정통해 있을 것이라고 판단하여, 범성이건으로 상의 내지 부탁을 할 생각이었다.

동수와 내가 사무실 문을 들어서자 때마침 니시하라 씨는 퇴근준비를 하던 참이었다. 간단히 찾아온 용건을 설명하자 니시하라 씨는 사무실 직원들이 퇴근하는 것을 확인한 뒤, 의자를 내밀었다.

"자, 앉아서 얘기합시다. 나도 아는 바가 없지만, 여직 소식이 없다는 건 단순히 지도 방면指導放免으로 끝날 문제가 아닐지도 모른다는 생각이 들어요."

"그렇지 않아도 우리도 그 점이 마음에 걸립니다. 아시다시피 이번 사태는 그동안 쌓였던 처우의 부당함에서 비롯된 것이지, 그 외에 아무 것도 아닙니다. 지난번엔 조선인 응징사들만 제외한 채 일본인과 학도보국대에만 '지카타비'를 배급하여 한바탕 소란이 일어날 뻔 하지 않았습니까? 괜히 사태가 회사의 영역을 뛰어넘어 확대해석되는 일이 없도록 조치해 주실 수는 없는지요? 부탁드립니다."

회사측의 부당한 처우는 알고 보면 회사측만의 문제가 아니었다. 강제동원으로 일본에 와서 직접 경험하고 목격한 결과, 일본사회 전체가 조선인 편견과 차별을 당연시하고 있었다. 따라서, 작은 문제로는 보급품에서 비롯하여 크게는 노동환경·생활환경에 이르기까지 조선인은 철저하게 차별되고 있었다. 그렇지만 이번 일을 일본사회 전반의 문제로 삼을 수는 없으며, 상황 또한 복잡해지므로 미쓰비시만의 문제로 국한시킬 필요가 있었다. 아무튼 나의 간절한 부탁에 니시하라 씨의 마음이 움직였다.

"흐음…. 알았습니다. 내가 '교와카이協和會'4) 간부에게 어떻게 손을 쓸 수 있는지 상의해 보도록 하겠습니다."

"저희는 중대장님만 믿고 가겠습니다."

실제로 큰 도움이 될지 어떨지는 두고 보면 알 일이고, 일단은 우리로

---

4) '교와카이協和會'란, 일본에 거주하는 조선인을 감시·통제하기 위한 기관으로 일본 각 都道府縣에 설치되었다. 히구치 유이치, 『일제하 재일조선인 통제조직 협화회』, 선인, 2012년을 참조.

서 할 수 있는 방편은 모두 동원하고픈 심정이었다.

이튿날 니시하라 씨로부터 전갈이 왔다. 나는 구미초에게 사정을 애기하고 중대장실로 달려갔다. 니시하라 씨는 나를 보자, 심각한 얼굴로 자기 책상 옆에 의자를 놓고 앉기를 권하며 말했다.

"생각보다 문제가 심각해졌습니다."

"……"

"교와카이 조선인 간부가 특고特別高等警察 주임을 만나 상황을 문의하자, 단순한 폭동으로 처리하지 않고 사상적인 배후관계가 있는지 여부를 두고 고민하고 있다고 하더군요. 시국이 긴박한 지라 제국타도를 획책하는 불온 분자로 몰아붙이면 그거야말로 큰일입니다."

"그럴 리가 없습니다. 범성이는, 범성이의 행동은 단지 우리가….."

"잘 알고 있어요. 무슨 말인지…. 허나 저들이 문제예요. 별 대수롭지 않은 문제를 괜히 확대시켜 이참에 조선인들이 딴 맘 먹지 않도록 본때를 보이는데 이용할까봐, 그게 걱정인데…."

니시하라 씨의 말에 나는 이마에서 식은땀이 주르륵 흐르는 걸 느꼈다. 앗차, 그렇구나. 미군 공격에 속수무책으로 당하는 요즘, 민심이 혼란스러웠다. 이 혼란이 혹여 천황에게 향해질까 두려운 나머지, 흩어진 민심을 수습하고 불온세력의 발아를 짓밟는데 이번 사태를 호재好材로 판단하여 사용할 수도 있겠구나 싶었다. 그렇다면 문제는 심각하다.

"어떡하면 좋죠? 저희가 할 수 있는 것이 없나요? 제가 회사측에 사정을 설명하고 선처를 구하도록 할까요?"

니시하라 씨는 턱을 고인 채 생각에 잠겼다.

둘 사이에 잠시 침묵이 흘렀다. 나는 니시하라 씨가 입을 열 때까지 그의 얼굴을 바라보며 기다렸다.

"여러분들이 잘못한 건 없어요. 그건 내가 더 잘 알아요. 그러니 회사 측에 선처를 요청할 필요는 없다고 봅니다. 원래 그들이 그릇된 행동을 했으니까요."

그는 조용히 하지만 매우 단호한 어조로 말을 꺼냈다.

"그렇지만 우리가 불리한 위치에 있는 건 맞아요."

니시하라 씨는 처음으로 '우리'라는 말을 썼다. 나는 순간 천군만마를 얻은 듯한 깊은 감동을 받았다.

'아, 이분이 형식적으로 도와주는 것은 일단 아니겠군. 오히려 적극적으로 이 일을 해결하고자 힘써 주실 지도 몰라.'

내 얼굴에서 안도의 기색을 보았던지, 그가 빙그레 미소를 지으며 내 어깨를 토닥거렸다.

"너무 걱정 말아요. 내게도 다 생각이 있으니까…."

나는 감사하다는 말을 몇 번이고 되풀이하였다. 숙소로 돌아오는 길에 줄곧 그들을 빼내보겠다는 그의 말이 귓전에서 맴돌아 떠나질 않았다.

그로부터 일주일이 지났다. 숙소에 돌아올 때마다 범성이의 텅 빈 자리를 보면 마음이 아려왔다. 동료들도 술렁거리기 시작했다. 회사측의 부당한 처우에 항의한 것이 거꾸로 죄가 된다니, 어처구니없는 사태에 불만이 불거지기 시작한 것이다. 회사측에서도 조선인의 움직임이 심상치 않다는 것을 알아차린 것 같다. 중대장 이상 간부들의 움직임이 긴박하다.

"왜 경찰이 대화에 나선 우리 동료들을 연행하고 감금한거야. 경찰의 태도도 그렇지만 회사측 대응도 저질이라고 한바탕 할 기세인데…."

연철이가 옆방 분위기를 전해 왔다.

"인과응보 아니겠어?"

나도 회사측 태도에 정나미가 떨어진 상태였다. 바로 그 때였다.

"범성이가 돌아왔어!!"

누군가가 숙소 통로에서 외치는 소리가 숙소 동 전체에 울려 퍼졌다. 모두의 얼굴이 입구쪽을 향했다. 소대장과 함께 범성이가 초췌한 얼굴로 들어서고 있었다.

"범성아!"

2반 동료들이 범성이 주위에 모였다.

"걱정 시켜서 미안…."

범성이는 짧게 한마디 하고는 자기 자리로 가서 털썩 주저앉았다.

"몸은 좀 괜찮은 거야? 어디 상한 데는 없구?"

동료들이 범성이 뒤를 졸졸 따랐다. 얼굴이 야위어 있었다. 볼 살이 많이 빠져 있었다. 입술 언저리가 붉게 부어오른 것이 신경이 쓰였다.

"입술은 왜 그런 거야?"

내가 어깨에 손을 데며 다가가자, '아~' 하고 짧게 고통스러운 소리를 질렀다. 깜짝 놀라 어깨에 올렸던 손을 거두고, 본인의 의사를 무시한 채

윗도리를 걷어 올려 보았다.

"우아~, 이게 다 뭐야?! 시퍼렇게~ 멍투성이잖아."

군데군데 멍이 터져 피가 응고된 부위도 있었다.

"쉬잇!"

범성이가 오른손 인지를 입술에 대며 조용하라고 신호를 보냈다. 그리고 내가 걷어 올린 윗도리를 조심스럽게 원래대로 내려 입었다. 인상을 찡그리는 걸 보니, 상처가 터진 부위의 통증이 아직 사라지지 않은 모양이다. 우리는 상처에 대해 더 이상 묻지 않았다.

그 때 니시하라 씨가 우리 방으로 들어왔다.

"범성군, 괜찮나?"

니시하라 씨는 경찰내에서 린치가 있었던 걸 이미 알고 있는 듯한 말투였다.

"미안허이. 내가 특별히 감정이 있어서 그랬던 건 절대 아닐세. 부디 오해하지 않았으면 좋겠어요."

"아, 아닙니다. 그냥 견딜만 합니다."

우리는 두 사람의 대화가 뭔지 이상하다는 생각이 들었다. 범성이의 상처에 니시하라 씨가 깊게 관여되어 있는 듯하다.

우리가 고개를 갸웃하며 두 사람을 빤히 쳐다보자, 니시하라 씨는 눈길을 피했다. 뭔가 알고 있으나 공개하기에 꺼림칙한 부분이 있는 모양이다.

니시하라 씨는 그 외로 다른 특별한 말없이, 잘 지내라는 말과 함께 서

둘러 자리를 떠났다. 입구까지 범성이가 공손하게 배웅을 나갔다.

나는 솟구치는 궁금증을 도무지 주체할 수 없어서, 니시하라 씨를 따라 나섰다.

"저기, 잠깐만요. 잠시 드릴 말씀이⋯."

니시하라 씨는 내가 가는 길을 막으며 말을 건네자, 무슨 말을 하려는 건지 다 안다는 표정으로 내 어깨를 잡았다.

"내 방으로 같이 갑시다."

뒤에서 연철이가 따라나서려고 기웃거렸다. 나는 손짓으로 연철이를 따라오지 못하게 제재하고, 니시하라 씨를 따라 그의 사무실로 발길을 옮겼다.

사무실에는 마지막 뒷정리를 하는 여사원 한 명만 보일뿐, 모두 퇴근하고 없었다.

그 여사원도 인사를 마치고 퇴근하자, 비로소 니시하라 씨가 그간의 경과를 설명하기 시작했다.

"실은 말예요."

말문을 열며 내 맞은편에 자리를 잡고 앉았다.

"교와카이 간부들과 상의해 보았는데도 간단히 해결될 문제가 아님을 알고 대책을 강구했어요. 일단, 범성이 등 연행자들의 신변을 우리가 확보하는 게 중요하다는 판단을 했지요. 그래서 제가 직접 특고 주임을 만나게 해 달라고 부탁을 했지요."

니시하라 씨는 당시의 긴장된 상황이 상기되었는지, 잠시 말을 멈추고

차를 입에 가져갔다.

"다행히 이쪽의 의견이 수용되어 특고 주임을 만날 수 있게 되었습니다. 특고 주임에게 제가 그들의 평소의 행동과 성품 등에 대해 설명하고, 다른 어떤 의도도 있을 수 없는 사람들이다, 그건 내가 보장한다, 그러니 한번 만나게 해 달라고 애원했지요. 그랬더니, 잠시 뭔가 생각하는 듯하다가, '요시, 와캇다그래 알았어' 하더니 면회를 허락해 주는 거예요."

찻잔을 들어 모두 마신 후 다시 잔에 물을 부었다.

"그래서 다른 방으로 안내되어 면회를 하게 되었지요. 그래, 그들이 면회장으로 들어오자마자 주임이 보는 앞에서 다짜고짜 뺨을 때렸습니다. 네 명 모두에게."

중대장이 면회 왔다는 소식에, 회사측이 뭔가 조치를 취하고 있나보다 정도의 생각으로 면회장에 들어온 연행자들은 그야말로 날벼락이었다.

"모두 방심하고 있던 터라 갑작스러운 일격에 뒤로 벌렁 넘어지더군요. 특고 주임도 깜짝 놀라하고요, 왜 이러냐고 하면서. 그래, 내가 다시 대답을 했지요. 이 녀석들은 이렇게 혼 나야한다고, 이 중차대한 시국에 그깟 밥 한 끼 가지고 이 난리를 피워서 회사에도 당국에도 폐를 끼치게 되었으니, 조선인 '응징사'의 명예에 먹칠을 한 놈들이다, 이런 놈들은 맞아도 싸다, 라며 흥분하면서 대답을 했지요. 그러고는 근처에 있는 나무의자를 집어 들어 정말 미친놈이 날뛰듯이 구타를 했습니다. 특고 주임은 잠자코 지켜보고 있더군요. 그러더니, 잠시 후 주임이 이젠 그만 하라고 하기에 마지못한 척 하면서 구타를 멈췄어요."

여기서 니시하라 씨는 잠시 한 숨을 돌린 후, 놀란 눈을 한 나를 잠시 쳐다봤다.

"그러구는 주임에게 부탁을 했습니다. 이런 녀석들은 내가 지켜봐서 그 성품을 잘 안다. 괜시리 동료들 앞에서 한 번 좀 폼 잡아보려고 객기를 부리는 부류인데, 그냥 내게 맡겨달라. 두 번 다시 이런 일이 없게끔 따끔하게 혼을 내 주겠다. 그리하면, 이런 하찮은 일로 주임이 아까운 시간을 낭비하는 걸 막을 수도 있고, 또 우리는 우리대로 제대로 노무관리도 할 수 있어 좋고, 피차 득이 되니까 어떻게 좀 선처를 해 달라, 이렇게 얘길 했습니다."

나는 그 이후가 궁금하여 니시하라 씨 쪽으로 몸을 기울였다.

"그랬더니, 주임이 '이건 내가 결정할 사안이 아니다. 댁의 말도 일리가 있다. 우리가 해결해야 할 일이 한두 가지가 아닌데, 문제가 빨리 해결된다면 우리도 좋다. 위의 분과 상의해 보겠다. 잠시 기다려라' 하는 거예요. 그리고 한참 지나고 나서 주임이 다시 나타나더니, '알았다. 데려가라. 다만 두 번 다시 이런 일로 우리를 괴롭히는 일이 없도록 하라'고 하는 거예요. 꼭 명심하고 폐를 끼치지 않도록 단속하겠다고 인사를 하고는 부랴부랴 그들을 데리고 나온 거예요."

이야기를 마치자 니시하라 씨는 두 손으로 얼굴을 감싸 쥐었다. 다시 손을 내리고 앉은 자세를 바로 잡자, 내가 그 손을 부여잡았다.

"고맙습니다. 수고가 많으셨습니다⋯."

"수고는 무슨⋯ 그냥 우리 동포로서 할 일을 한 것뿐이지요⋯. 경찰서를 나와서 돌아오는 길에, 네 명에게 사과를 했어요. 내가 악의로 구타를 한 게 아니다. 그렇게 하지 않으면 특고를 설득시키기 어려울 것이라고 생각했고, 결과적으로 그게 먹혔던 것 같다 라고요. 어쨌든 그들도 고개를 끄덕이며 납득해 주더라고요. 정말 고마웠어요."

자초지종을 듣고 나니 모든 게 이해가 되었다. 나는 감사하다는 말을 몇 번이고 되풀이하며 사무실에서 나왔다.

범성이는 구금에서 풀려난 후 일주일간은 기력이 없어 보였다. 육체적인 병은 아니었다. 작업장에서 돌아오면 자기 자리에 누운 채 꼼짝을 하지 않았다. 식당에도 나타나지 않았다. 걱정이 되어 우리들이 음식을 싸서 방으로 가져왔지만, 입에 데지 않았다.

그런데, 그로부터 딱 일주일이 지나자 정말 거짓말처럼 원래대로 돌아왔다. 그 갑작스러운 변화가 내게는 오히려 불길하게 느껴졌다. 연철이는 기력을 되찾아 다행이라며 잡다한 일상을 얘기하며 호들갑을 떨었다.

"우리 주말에는 외출증을 받아 바람이라도 쐬고 올까?"

"바람은 무슨… 허구헌날 바닷바람을 원 없이 쐬고 있구만."

연철이와 동수가 실없는 얘기로 분위기를 띄웠다.

"젠장, 그럼 산바람을 쐬면 될 거 아녀?"

"산바람은 무슨… 그 바람은 바람이 아닌가벼? 뭐, 배라도 불러지나?"

"아참, 거 '함바'집 있지? 오래간만에 글로 놀러가자. 인제 모아논 돈도 있겠다."

"배불러진다는 말에 고작 '함바'집? 그저 먹는 얘기로 끝나는군… 근데, 너~무 좋아, 그래 '금강산도 식후경'이라니까 일단 먹구 보자."

연철이가 어때, 어때? 하며 범성이를 채근하자, 마지못해 고개를 까딱하며 빙그레 웃는다.

"그럼 결정했다!! 만장일치로."

연철이가 '박수!' 하며 '의결'을 확인하는 제스처를 취하는 순간, 사이렌 소리가 요란하게 진동하였다. 그러더니, 소대장이 방에 얼굴만 들이댄 채 "공습경보 발령, 모두 방공호로 대피"하고 외친 후 사라졌다. 적의 공습은 이미 이력이 났건만, 매번 긴장이 된다. 히로시마시에 대한 폭격이 언제가 될는지 그게 두렵기 때문이다.

우리는 서둘러 숙소를 나와 해안가를 향해 만들어진 방공호로 뛰어갔다. 이미 밖은 9시를 훌쩍 넘어 어두컴컴했다. 등화관제燈火管制로 히로시마시 전체가 칠흙처럼 어두웠다.

방공호를 코앞에 두고 누가 뒤에서 내 팔뚝을 부여잡았다. 돌아보니, 범성이었다.

'잠깐 할 말이 있어'

'엉? 하필 지금? 공습경본데?'

속삭이듯 낮은 목소리로 범성이가 말했다. 나는 범성이가 이끄는 대로 방공호 입구 옆으로 돌아갔다. 우리 둘을 남기고 연신 숙소 노무자들이 방공호 속으로 빨려 들어갔다.

"무슨 일인데? 꼭 지금 해야 할 말야?"

“……, 응.”

잠시 생각하더니 결심했다는 듯 짧고 또렷하게 대답했다.

“염아, 실은 오래 생각한 끝에 내린 결정인데…, 나 더 이상 여기 못 있겠어. 아니, 있을 수 없어.”

“너, 설마? …다른… 데, 가려고?”

“그래, 맞아. 나는 징용장을 받고 일본에 오면서 생각한 것이 있어. 그냥 맹목적으로 일본놈들이 시키는 대로 이 무모한 전쟁에 협조하지는 않겠다는 생각. 방법을 찾기만 한다면, 나는 이 전쟁을 일으킨 일본제국을 타도하는 일에 협조할 것이라는 생각을 했어. 내가 협조해야 할 ‘전쟁’이 있다면, 그건 바로 일본제국의 타도와 조선의 독립이야.”

나는 반사적으로 주위를 둘러보았다. 제국의 타도와 조선 독립의 발언은 그 자체만으로도 경을 치고도 남을 정도로 위험한 발언이었기 때문이다.

나는 범성이의 두 팔을 잡고 그 자리에 쪼그려 앉았다.

“갑자기 그런 말을 하니 당혹스러워.”

“미안해. 너희들한테는 당혹스러운 발언이겠지만, 나는 정말 오랫동안 생각해 왔던 거야. 나는 전쟁가해자인 일본이 시키는 대로 하고 싶지 않아. 이들의 광기를 막아서는데 내 힘을 쏟고 싶어. 하지만 오해하지마. 그렇다고 너희들을 비난하는 건 아니니까. 나와 함께 해 달라는 말도 하지 않겠어. 그냥, 내가 생각한 걸 실천에 옮기고 싶을 뿐이고, 그 때가 온 것 같다는 것이야.”

나는 범성이의 눈을 지그시 바라보았다. 범성이의 결심은 확고해 보였다.

"다른 녀석들에게는 잘 전달해 줘."

"갈 곳은 있는 거야?"

"그럼. 벌써 갈 곳을 알아두고 있었지. 행동으로 옮기기까지 시간이 걸린 것뿐이야."

범성이와 나는 손을 다시 한번 꼭 잡고 포옹을 하였다.

나는 주머니 속에서 헝겊조각을 꺼내 범성이에게 건넸다.

"이게 뭔데?"

"으응 부적이야."

"그럼 네가 잘 간수하고 있어야지."

"아냐, 네게 꼭 주고 싶어. 잘가. 몸 조심하고… 그리고 비둘기 모이는 내가 챙길게."

"그래, 고마워. 우리 꼭 경성에서 다시 만나자. 내가 반드시 경성상회로 기별할게."

범성이는 자리에서 일어서자 단숨에 방공호로 대피하는 무리 속으로 사라졌다. 정말로 짧은 이별이었다. 이렇게 갑작스런 이별이 찾아올 줄이야. 진즉에 알았더라면 더 따뜻하게 대해 줬을걸. 조선인 '함바'집을 조금 앞당겨 방문할걸 하는 온갖 후회가 엄습해 왔다. 나는 먹먹한 가슴으로 방공호 옆에 멍하니 앉아 있었다. 내 머리 위로 미군 함재기가 굉음을 남기고 밤하늘을 가르며 지나갔다.

아라이 도슈(新井東秀), 그 이름은 박동수

동수는 남자인 내가 봐도 첫 눈에 반할 정도의 반듯한 외모를 지닌 친구였다. 훤칠한 키에 떡 벌어진 어깨, 짙은 눈썹에 큰 눈망울, 오똑한 콧날에 적당히 도톰한 입술, 마치 영화 속에서 막 튀어나온 주연배우의 풍채를 풍긴다. 군인처럼 짧은 머리에 허름한 노무복을 걸쳤어도 그는 남과 현격하게 달랐다.

처음 그가 우리 2반의 문을 열고 들어설 때, 우리 모두 숨이 턱하니 멈출 정도의 광채를 보았다. 그래서 동수가 일본 소녀와의 만남을 얘기하기 시작했을 때, 한편에선 당연한 듯 들으면서도, 다른 한편에선 부러움에 질투심이 났다.

우리는 그가 지닌 절대적인 외모를 역으로 놀림거리로 삼기도 했다. 왠지 그래야만 공평하다는 생각이 들어서였다. 일종의 보상심리라고 할까? 즉, 우리가 가질 수 없는 것을 놀림으로써 마음의 위로를 얻는다는 그런 심산이었던 것이다.

특히 연철이가 자주 빈정대곤 하였다. 예를 들자면, "너도 인간이냐?"라던가, "너는 밤길 다니기 좋겠다. 자체 발광發光하니까 길도 훤히 보일 거구, 그래서 밤길 으슥한 어둠속에서 발광發狂해대는 나쁜 놈도 안 만날 거구."라던가 식의 조롱이었다.

일반적으로 "너도 인간이냐?" 하면, 인간답게 행동하지 못한 사람들을 나물랄 때 사용하는 말인데, 이 경우는 인간의 영역을 넘어선 신 같은 존재라는 의미였다. 다시 말해서 인간으로서는 도저히 상상할 수 없는 출중한 외모를 갖추었다는 의미였다.

우리도 연철이 표현을 흉내 내어, 동수가 귀감이 될만한 올바른 행동을 할 때마다, "너도 인간이냐?"라며 놀려댔다.

동수가 한번은 일기장처럼 사용하는 수첩을 안주머니에서 꺼내 보여 준 적이 있다. 수첩 속에는 소중하게 간직한 사진 한 장이 있었는데, 아버지, 어머니의 사진이었다.

"내가 아는 아버지의 얼굴과 기억은 이것뿐이야. 목소리가 어떤지, 키는 얼마나 되는지, 나를 얼마나 생각했는지, 아무것도 아는 게 없어."

어렸을 적, 일찌감치 아버지를 여의었냐고 묻자, 그렇지 않다고 하였다.

"우리 아버지는 독립운동 하신다며 거의 집에 계신 적이 없었대. 몇 달이고 집을 비운 채 있다가, 어느 날 갑자기 나타나는가 싶더니 홀연 사라져 버리고. 그런 생활이 계속되다가 내 동생이 태어나던 해, 아기 얼굴 보러 왔다고 나타났다가 일주일 계신 뒤 다시 떠나간 다음으로 두 번 다시 돌아오지 않으셨어. 그래서 아버지가 살아계신지, 돌아가셨는지 생사를 알 수가 없어. 할아버지가 알 만한 사람들에게 전갈을 보내 수소문했지만, 끝내 아버지의 종적을 찾을 수가 없었어. 그리구서 어머니는 우리 형제를 할아버지댁에 남겨두고 집을 나가버리셨어. 처음에는 우리를 버렸다고 어머니에 대해 원망도 많이 했는데, 나이가 들어 생각해 보니까 어머니의 심정을 이해할 수 있을 것 같아. 할아버지도 그리 생각하셨기에 어머니의 재가를 허락하셨겠지. 어머니는 가끔 서신도 주셔서 어디에 계신지 알고 있어. 일본으로 오기 전 보내주신 서신 안에 이 사진이 들어 있었어. 어머니의 가장 행복했던 시절의 사진이래. 고이 간직하고 있었는데, 내가 일본으로 징용간다고 하니까 내게 보내주셨어."

사진 속 아버지의 얼굴은 동수의 얼굴과 판박이였다. 할아버지는 동수의 모습에서 당신 아들의 그림자를 보셨는지, 동수가 일본으로 떠나던 날, 단 한번도 보이지 않았던 눈물을 보이셨다. 일본 놈들 때문에, 나라를 빼앗긴 바람에, 소중한 아들을 두 명 씩이나 잃는다고 생각하셨던 것이다. 그 이야기를 하면서 동수는 그 때가 생각났던지 눈물을 보였다. 이야기를 듣던 우리들도 함께 눈물을 훔치며 숙연해 졌다.

"더 걱정인 것은 내 동생이야. 동생이 나보다 두 살 어린데, 지난번에 신체검사에서 갑종 현역 판정을 받았대. 군인으로 동원되면 즉시 전장으로 투입될 것이 뻔한데. 나야 군수공장에서 당장 총알을 맞거나 하는 일이야 없겠지만, 병사들은 어디 그렇겠어?"

"동생은 할아버지 댁에 있을 거 아냐? 또다시 할아버지를 힘들게 하겠구나…."

"그렇지 뭐. 제발 낙담해서 쓰러지거나 하지 마셔야 될 텐데. 이제 집에는 할아버지, 할머니 단 두 분만 계시게 되겠군…."

동수가 혼잣말처럼 중얼거렸다.

동수는 연락선이 부산과 시모노세키를 운행하는 동안 열심히 할아버지께 편지를 보냈다. 동료들과 함께 찍은 사진을 동봉하거나 감귤을 소포로 보내는 일도 있었다. 옆에서 그런 모습을 보면, 마치 부모님과 연락하는 아이처럼 늘 들뜬 표정이었다.

"어? 그런데 왜 이름을 두 개 작성해서 보내는 거야?"

얼핏 보니, 봉투 수신자란에 '新井○○'과 함께 '朴○○'라는 이름도 병기되어 있었다.

"우리 의지와 무관하게 억지로 창씨를 하게 되었지만, 할아버지께서 아버지가 집으로 돌아올 때 곧바로 알아볼 수 있도록 문패는 우리이름 그대로 해 두었거든. 그래서 집배원이 잘못 배달할까 봐서 두 이름을 병기해 둔 거야."

"우리, 기한을 마치고 경성으로 돌아가면, 너희 집에 놀러가도 되겠니?"

"당연하지. 할머니의 음식 솜씨는 가히 예술이야. 먹다가 너무 놀라서 턱 빠질게다. 꼭 놀러 와라. 두 분 모두 기뻐해 주실 거고."

"그래, 그 두 분을 꼭 뵙고 싶다는 생각이 들어서. 히, 히."

"너희들 얘기는 내가 이미 편지에다 시시콜콜한 것까지 전부 썼기 때문에, 이전부터 알고 지낸 손자 친구처럼 대해주실걸."

나 또한 동수의 하는 행동으로 미루어 짐작컨대, 다정하고 온화할 것임에 틀림없다고 보았다. 동수 덕분에 내가 다시 경성으로 향해야 할 이유가 또 하나 생겼다. 딱히 오라는 곳도 없고 가야할 곳도 없는 내 처지에서, 갈 수 있는 곳이, 그 명분이 하나씩 생기는 것도 쏠쏠한 재미거리가 되어 갔다.

재회

　　　　　　　　　　　　　"염아… 연철아… 내 얘기 좀 들어
봐. 하악, 하악."

　거의 숨이 턱에 찬 모습으로 동수가 우리 작업장으로 달려왔다. 깜짝
놀란 나는 구미초에게 양해를 구하고 동수와 함께 밖으로 나왔다. 우리
는 담장 앞 나무그늘 아래 벤치에 앉았다. 연철이가 뒤 늦게 물 한바가지
를 떠들고 따라왔다.

　"자, 물 좀 마시고서. 그렇지, 천천히. 그래 무슨 일이길래 그렇게 헐레
벌떡 찾아온 거야? 무슨 큰일이라도 난 거야?"

　동수는 대답 대신 숨 고를 때까지 잠시 기다려 달라는 손짓을 보냈다.
연철이와 나는 궁금증을 참으며 그가 입을 뗄 때를 기다렸다.

　"아~참, 이러다 날 새겠다. 궁금해 죽겠어. 도대체 뭔 일이야?"

　연철이가 호들갑이다.

　"휴우~, 이젠 좀 살겠다. 단걸음에 달려왔더니 너무 숨이 차서."

　동수는 우리에게 급히 알리고 싶은 말이 있어서, '도바시'역에서 환승
해야 하는데 기다리지 못하고 그냥 달려왔다고 한다.

　"만났어."

　"누굴?"

　"그 아이, 미에."

　"뭐라구? 정말? 어떻게, 어디서?"

　"오늘 아침, 출근하자마자 구미초가 히로시마역으로 심부름 보냈어.

그래서 갔다 오는 길에."

"호오~. 그래 어디서 만난 건데? 너를 알아보더냐?"

"당연하지. 내가 한 인물 하잖아!"

"끄응⋯."

"지나치는 전차 운전사를 버릇처럼 쳐다보며 가는데, 글쎄 돌아오는 길에 본선행 전차를 탔더니 그 애가 있더라구. 그래서 말을 걸었지. 지난번에 만나기로 했는데, 약속장소에 갔더니 없더라구 말이야. 그랬더니 기억하고 있더라구."

동수는 자랑스러운 듯 목소리에 힘을 주어 설명했다.

"근데 말이야. 너 그 애를 줄곧 찾고 있었니? 가만 생각해 보면 간단한 일이었잖아? 그 애 아버지가 우동집을 한다고 했지? 아니 지금은 죽을 팔고 있지만 말이야. 거기 가면 만날 수 있었을텐데⋯ 너 바보 아니니?"

연철이가 일격을 가했다.

"그래, 나 바보다. 내가 안 가봤겠니? 다만, 창피하기도 하고, 자존심이 상하기도 해서, 있나 없나 밖에서 살펴보기만 했지."

"근데 없었다 이거였군. 하긴, 만나자고 약속해 놓구선 우릴 그렇게 허탈하게 만든 장본인인데, 그걸 집 앞에까지 가서 다시 만나자고 한다면, 구질구질 하겠지? 네 이미지도 엉망이 되고 말이야."

연철이가 납득이 간다며 고개를 아래위로 까딱까딱 흔들었다.

"그래서 무슨 말이라도 나눈거야?"

내가 화제를 원래대로 돌렸다.

"응. 하지만 전차를 운전중이라서 긴 얘기를 할 순 없었구. 처음엔 무척 쌀쌀하게 대하더군. 그래서 내가 괜히 말을 걸었나 싶었는데, 나도 자존심 상하잖아? 그때 미에가 나타나지 않은 건 마음이 내키지 않았기 때문일 수도 있으니까. 그런데 얘기를 들어보니, 왜 약속시간에 나오지 않았냐는 거야. 도리어 나를 째려보며 화를 내더라구."

"뭐라구? 약속을 어긴 건 그 쪽이었잖아? 왜 지가 화를 내?"

연철이가 핏대를 세웠다.

"자, 자 그만. 지난 얘기는 됐고. 그래서 어떻게 됐는데?"

내가 중재하며 남은 이야기를 재촉하자, 다시 말을 이어갔다.

"일단 종점까지 그대로 타고 갔어. 종점에서 교대를 하고 잠시 쉬는 동안, 그 때 일을 간단하게 설명했지. 그랬더니 까르르 웃더라고. '내가 언제 세 명이라고 했어요? 난 세 시에 오라고 시간을 알려 준 것인데' 하더군."

"내 참, 어이가 없군. 그럼 우린 세 명이라는 의미로 알고서 무작정 가 본 셈이었단 말이지? 이 멍텅구리!"

연철이가 한 마디 날렸다. 동시에 내가 꿀밤 때리는 시늉을 해 보였다.

"아, 정말 미안. 내가 이렇게 용서를 구할게. 대신 이번 주말에 히로시마를 안내해 주기로 했어."

"당연히 그래야지. 얼마나 기대가 많았는데 말이야."

나는 정말 기대가 컸다. 누군가로부터 히로시마에 대해 설명해 주었으면 했다.

"그런데, 그날은 왜 아무도 없었던 거지? 담쟁이 넝쿨집이 점방이기도 하면서 자기 집이기도 하잖아?"

"아, 그게 말이야, 아무리 죽을 판다고 해도 재료 구하기가 만만치 않대. 그래서 주말이 되면 친척 농가에 가서 야채나 곡식 등을 구해가지고 온대. 그날도 아침 일찍부터 식재료를 구하러 농가에 가고 없었다고 하더군. 돌아와서 만날 생각이었던거지. 그런데 약속한 세 시가 되어도 나타나지 않아서, 혹시 무슨 일이 생겼나 걱정을 많이 했대. 길을 잃었을까봐 걱정이 되어, 저녁 해질녘까지 몇 번이고 히로시마역과 자기 집을 왕복했는지 모른다고 했어. 미쓰비시조선소에 문의해 볼 생각도 했었는데, 생각해 보니 내 이름을 몰랐다는 거야. 나도 내 이름을 알려줬는지 어땠는지 기억이 통 없는 거야. 미에라는 이름은 구미초가 묻는 통에 엿들어 알고 있었지만 말이야. 어쨌든 우린 정식 통성명이 없었던 때문에, 그 아이는 내 이름을 모르고 지냈다는 거지."

"그래 이번엔 정확하게 알려 줬지?"

"물론이지. 한자까지 또박또박."

"그 아인, 지나치는 '응징사'마다 혹시 내가 아닐까 유심히 쳐다보았대. 인연이 닿으면 다시 만날 거라 생각하면서."

"다시 인연이 닿았다는 거군."

"어때? 이번 주말에 같이 갈래?"

"또 허탕 치는 건 아니구?"

"내가 장담할게. 다신 그런 일 없어. 시간과 장소를 정확하게 해 놨어."

우리 둘의 대화를 듣고 있던 연철이가 한편으론 대찬성을 하면서, 범성이가 빠진 부분에 대해 섭섭해 했다.

"범성이는 더 좋은 사람들을 만나고 있어. 우리 넷이 함께 했으면 더 좋겠지만, 그건 경성에 돌아갔을 때 하면 되잖아? 그때 이 이야기들도 들려주면 되고. 자, 이야기보따리를 만들려면 추억이 될 만한 일들이 있어야겠군. 동수, 부탁해, 주말에 좋은 추억거리를 많이 만들어 주시게."

그러겠노라 하고 동수는 자신의 작업장으로 돌아갔다.

지난번과는 달리 이번에는 정확하게 약속을 하고 왔다니 허탕치는 일은 없겠구나 하는 안도감에 괜히 주말이 기다려졌다. 그로부터 어떻게 일주일간의 일정을 보냈는지 몰랐다. 하루해도 여느 때보다 훨씬 더 긴 것 같아 안절부절 못하다가, 드디어 기다리던 주말이 되었다.

우리는 약속한 시간과 장소에서 미에를 만났다. 지난 해프닝 덕분에 서로 첫 만남임에도 낯설지가 않았다.

미에는 외모도 성격도 상쾌한 아이였다. 과일로 치자면, 밀감이 딱 어울렸다. 달고 새콤한 기분. 그게 딱 어울리는 아이였다. 긴 머리를 다발 지어 뒤로 묶어 올린 모습과 양 볼의 약간의 주근깨가 너무나 잘 어울렸다.

우리 장정 세 명은, 그날 여동생 같은 미에의 리드 하에 히로시마를 견학하였다. 히로시마를 조망할 수 있는 '오곤잔黃金山'에 올라 히로시마시 전경을 바라보았다. '오타가와'가 바다로 흘러들며 만들어진 삼각주 지대. 그건 마치 '넓은廣' '섬島'과 같았다. 히로시마의 지명이 이해가 되는 광경이었다.

시내로 다시 내려온 다음에는 히로시마성과 산업장려관도 구경하였다. 그리고 히로시마에 오면 꼭 들려본다는 '미야지마宮島'에도 방문하였다.

미에는 우리를 안내하기 위해 나름 열심히 준비한 흔적이 역력했다. 방문할 곳을 효율적으로 연결시켜 주는 동선動線, 매우 구체적인 설명, 쉼터와 먹거리 등, 어느 것 하나 모자람이 없었다. 덕분에 하루가 훌쩍 지나치는 걸 느끼지 못할 정도로 즐거웠다.

우리는 복귀시간이 임박해 지자 이야기를 나누며 '쇼와오하시' 다리까지 거닐었다.

"하루만에 이렇게 많은 걸 볼 수 있을 줄이야 몰랐네요. 고마워요."

내가 감사의 인사를 건네며 고개를 숙였다.

"뭘요, 저야말로 덕분에 너무 즐거웠어요. 제겐 형제가 아무도 없는데, 오늘 오빠가 세 명씩이나 생긴 기분이에요. 오빠, 맞죠?"

미에의 애교에 우리는 모두 오빠가 되어 주었다.

미에와 동수를 남겨두고, 나와 연철이는 먼저 숙소로 돌아왔다. 그 후로 주말마다 그 둘은 만나게 되었고, 연철이와 나는 친구를 한 명 잃은 듯한 묘한 감정에 사로잡혔다.

소개(疏開), 시작되다

본토에 대한 B-29와 함재기의 폭격이 가중되자, 히로시마시도 앞으로 전개될 공습에 본격적으로 대비하기 시작했다. 1944년 11월 18일, 히로시마는 시내 소방도로와 방공용 공터 조성을 결정하자, 해당 부지를 확보하기 위한 주택, 상가 철거의 이른바 '건물 소개疏開'를 개시하였다. 그리고 어린 아이들을 안전한 교외로 대피시키는 집단 소개작업도 시작하였다. 소개작업이 시작되자 공습이 임박했음을 암시하는 듯하여 사람들 얼굴마다 긴장감이 감돌았다. 이리하여 1944년말까지 '인원소개' 4,210명, '건물소개' 400건이 완료되었다.

특히 '건물소개'에는 학도보국대로 동원된 중고생 외에 각 직장별로 조직된 '직역 의용대戰域義勇隊'라는 것이 투입되었다.

미쓰비시 히로시마조선소에서도 각 부과部課 공장을 단위로 하여 '직역 의용대'를 편성, 방위, 방공훈련을 실시하였다. 그리고 1945년 7월에 실시된 제6차 '건물 소개' 작업에 '직역 의용대'를 투입하였다.[5]

제6차 '건물 소개' 장소는 히로시마시 자코바마치雜魚場町, 도하시초土橋町, 히로시마현청 부근, 쓰루미바시鶴見橋, 핫초보리八丁堀 등 시청·현청이 소재한 시 중심부였다.

------

5) 그전까지 히로시마시는 제2차 2,154건, 제3차 1,400건, 제4차 2,180건, 제5차 167건의 '건물 소개'를 완료, 제6차 2,500건을 목표로 철거작업을 진행하고 있었다(廣島市 『廣島原爆戰災誌』 第1卷, 25~26쪽).

오곤잔(黃金山)에서 시내를 내려다 본 광경. 2005.12.8. 촬영

건물을 '소개'하는 철거작업은 실로 소박하기 그지없었다. 특별히 기계를 사용하는 것이 아니라, 일일이 사람들이 손으로 지붕기와를 제거하고, 벽면을 뜯어낸 다음, 각 기둥에 밧줄을 묶어 길게 늘어뜨린 후 모든 사람들이 총동원되어 줄을 잡아당겨 기둥을 제거하는 식이었다. 마치 가옥과 사람들이 운동회처럼 줄다리기를 하는 형색이었다. 한마디로 단순 근육노동이라고 보면 된다.

7, 8월 한 여름 뙤약볕에 가만히 있어도 더울 판에, 줄을 부여잡고 용을 써대니 온몸이 순식간에 땀범벅이 되는 건 당연하고, 건물이 무너질 때마다 수십 년 묵은 먼지 때를 뿜어대니 삽시간에 흙먼지를 뒤집어쓰는 건 예사였다. 검게 그을린 몸에 흙먼지를 뒤집어 쓴 작업자들의 모습이란 가히 처참하여, 보이는 건 오직 하얀 눈과 붉은 입뿐이었다.

미쓰비시 공장은 기계제작소와 조선소로 나뉘어 있기 때문에, 두 곳이 교대로 번갈아가며 '건물 소개'에 동원되었다. 7월부터 시작된 '소개'작업에는, 기계제작소측은 고아미초小網町 도하시土橋 부근, 조선소측은 자코바마치雜魚場町에 투입되고 있었다.

1945년 8월 6일.

이날도 여느 때와 마찬가지로 오전 6시에 기상하여 식사동으로 이동하였다. 일본특유의 찐득찐득한 무더위에 체력은 이미 바닥이 날대로 났는데, 이날은 특히 오밤중에 공습경보가 발령되어 방공호로 대피하기를 수차례, 제대로 잠을 잘 수가 없었다.

식당 옆자리에 연철이와 나란히 앉았다.

건물 소개(疏開). 기둥에 밧줄을 연결하여 사람들이 잡아당기는 모습

"뭔일이래? 공습이 임박한 모양이지? 자주 폭격기가 나타나는걸 보면."

연철이도 잠을 제대로 자지 못한 모양인지 벌겋게 충혈된 눈이 부어 있기까지 했다.

"더위를 먹었나봐. 배는 고픈데 식욕도, 기력도 없어. 오늘도 '소개'작업이 있을려나⋯."

연철이는 연일 계속된 '소개'작업에 더위를 먹고 체력마저 바닥난 상태라서 작업 투입이 몹시 걱정되는 눈치였다.

"구미組별로 번갈아가면서 하니까 잘 하면 우리는 작업이 없을지도 몰

라. 벌써 나흘씩이나 했잖아?"

 내 말이 위로가 될 성 싶지는 않았지만, 한마디 거들어 주고 싶었다. 때마침 동수가 옆자리에 자리를 잡으며 말을 건넸다.

 "연철이 얼굴이 많이 상해 있네. 피곤하구나? 오늘도 '소개'작업에 가니?"

 "글쎄, 벌써 나흘간 했는데 어떻는지 모르겠어. 너희 구미는 어떠니?"

 "아직 말이 없어. 아마 주말경에는 우리가 투입되지 않을까 싶어."

 말을 마치자, 동수가 가운데 앉은 나를 피해 연철이를 건너보며 "힘내, 연철아" 하고 격려한다. 연철이는 대답 대신 미소를 보냈다.

 식사를 마치고 조선소로 이동하는 동안, 내내 연철이는 말이 없었다. 가끔 후~ 하고 깊은 한숨을 몰아쉬었다. 아무래도 피로가 누적이 된 모양이다. 다부진 체력에 지난 겨울 감기 한번 걸린 적이 없는 녀석이라, 이런 모습이 굉장히 어색했다.

 공장에 도착하자, 구미초가 모두를 불러 모았다.

 "예, 여러분들 그동안 소개작업 하느라 고생들 많이 했는데, 오늘도 어제 그 현장에서 소개작업을 하기로 한다."

 여기저기서 우~ 하는 탄성이 흘러나왔다. 얼굴 전면을 일그러뜨리며 노골적으로 싫다는 기색을 드러내는 녀석도 있었다.

 "알아요, 힘들다는거. 하지만 이미 간부회의에서 결정된 사항이라 번복할 순 없습니다. 벌써 작업에 투입되어야 할 시간인데, 경계경보가 해제되지 않아서…."

구미초의 말이 끝나기도 전에 경보를 해제하는 사이렌이 울렸다.

"아니, 지금 막 해제되었기에 속히 현장으로 가야 합니다. 그러니 그렇게 알고 협조해 주도록, 이상."

나는 구미초의 전달이 끝나자 연철이의 상태를 살폈다. 연철이의 실망하는 기색이 역력했다.

"연철아 힘이 들면 무리하지마."

"하지만, 달리 방법이 없잖아."

나는 구미초에게 다가가 사정을 해 보았다.

"무슨 소리. 그런 식이라면 다들 아프다며 빠질걸. 안돼, 절대 안돼. 모두 예외 없이 투입된다."

구미초는 막무가내였다. 나는 잠시 생각에 잠긴 후 공장 사무실로 들어가는 구미초를 따라 들어갔다.

"어허, 안된다면 안 되는 거야. 왜 어거지를 쓰나?"

"이건 어거지가 아닙니다. 제가 늘 그와 함께 있기 때문에 잘 압니다만, 기력이 많이 떨어졌어요. 평소 그가 아프다며 꾀병 부리며 일을 쉬거나 한 적은 없지 않습니까? 그런 그가 힘들어한다면, 그건 분명 상태가 좋지 않다는 뜻입니다. 병원진단이 필요하다면, 그럼 진료를 받게 해 주시던가⋯."

"⋯, 그러나 역시 예외를 둘 수는 없어."

구미초는 완고했다. 결단이 필요했다.

나는 하는 수 없이 구미초와 사무실 직원들을 번갈아 쳐다보며 내가 두 사람 몫을 하겠노라고 선언했다.

"어떻게 두 사람 몫을 한단 말이야?"

"어차피 이 일은 사람 손으로 밖에 안 되지 않습니까? 다시 말해서 사람손이 많으면 많을수록 작업이 빨리 진행된다는 뜻이지요. 그러니 제가 다음 번 조에도 참가하여 우리 조선소가 담당한 구역을 빨리 소개할 수 있도록 돕겠습니다. 그러면 되지 않겠어요?"

구미초와 사무실 직원이 나와 서로를 바라보더니, "하는 수 없군" 하며 허락해 주었다.

사무실에서 나온 나는 바닥에 주저앉아 의용대를 맥없이 바라보고 있는 연철이에게로 다가갔다.

"연철아, 오늘 너는 작업에서 빠져도 돼."

"뭐라구? 안 나가도 된다는 거야?"

"그래, 몸 상태가 정 안 좋으면 의료실에나 가봐. 약이라도 처방 받아야지?"

"아냐, 그 정도는 아닌 것 같은데."

"아무튼 의사 선생님한테 보여줘서 나쁠 건 없잖아? 가서 쉬기라도 하던가."

연철이는 영문을 모르겠다는 표정으로 눈만 깜빡거렸다.

"자, 서두릅시다!"

가토가 이쪽을 쳐다보며 재촉한다. 구미초가 우리에게 다가와 쉬어도 된다는 말을 직접 연철이에게 전달했다.

“대신 미노루 상이 다음에도 투입되기로 한 거니까, 미노루 상에게 고맙다고 해.”

구미초는 연철이 어깨를 두드린 후 작업장으로 향하는 의용대 후미에 합류했다.

“야, 니가 내 대신 그렇게 하기로 한거야?”

“아~ 나야 뭐 운동 삼아 딱 좋기도 해서, 그냥 더 하기로 한 것뿐이야. 염려마. 혹시 빚이라고 생각되면, 나중에 한턱 써.”

나도 서둘러 의용대를 따라 갔다. 가다가 슬쩍 뒤를 돌아보니, 녀석이 조선소 정문 앞에 서서 나를 배웅하고 있었다. 손을 흔들어 주었다.

우리는 히로시마 시청 뒤편의 자코바마치에서 작업하고 있었다. 어제 헐다 만 민가를 철거하는 작업이 즉시 속개되었다. 아직 아침 8시 전이건만, 얼굴에서 등에서 땀이 솟구치기 시작했다.

모두 작업모와 윗도리를 벗어 골목 반대편 쪽에 개어 놓았다. 소매가 없는 ‘난닝구런닝’ 속옷만 입고 있으니 그나마 나았다. 땀이나 물을 닦기 위해 지참한 수건을 허리춤 바지 속에 떨어지지 않도록 잘 집어넣은 후, 바닥에 너부러진 잔해물을 옮기기 시작했다. 먼지와 흙냄새가 코 안을 가득 메웠다. 그때였다. 누군가 조급한 목소리로 우리의 주의를 환기 시킨 건.

“저거 뭐야? 적기 아냐?”

우리는 그가 가리키는 쪽을 바라봤다. 눈부신 햇살을 손등으로 가리며 올려다 본 하늘위로 은색의 번쩍이는 폭격기가 웅~ 하는 엔진음을 내며 지나고 있었다.

"그런데... 왜 공습경보 사이렌이 울리지 않지?"

누군가 혼잣말로 중얼거리는 목소리가 비행기 엔진소리에 섞여 들어갔다.

바로 그 순간이었다. 갑자기 히로시마 상공에서 번쩍하는 섬광이 작렬하였다. 그건, 마치 태양이 눈앞에서 산산이 부서지는 광경이었다. 아, 히로시마 상공, 바로 내 머리위에서 나는 또 다른 태양을 보았던 것이다.

동시에 '후욱' 하는 매우 둔탁한 소리와 함께, 나는 순식간에 어디론가 날아가 버렸다. 부서지는 태양빛을 쫓아서….

고향의 품으로

숨이 차서 앉아 있는 것조차 힘이 든다. 나는 하는 수 없이 다시 자리에 누웠다. 오늘 아침도 찌는 듯이 더웠는데, 땅바닥에 누웠어도 등에 땀이 흥건히 젖는 듯한 느낌이다. 정신이 없어서 그게 오늘 아침이었는지도 아득하다. 그나마 다행인 것은 상공의 알 수 없는 구름 한 점 덕분에 태양빛이 가려져 있다는 것.

'도대체 무슨 일이 벌어진 거지?'

분명 공습경보 사이렌 소리가 들리지 않았는데, 그 B-29 폭격기의 엔진 소리는 무엇이었던가?

'빠가야로! 적기가 오는데… 경계도 제대로 서지 않고…'

B-29폭격기. 히로시마시에 원자폭탄을 투하한 '에놀라 게이'와 동종이다.

나는 히로시마 상공을 경계하는 초병에게 괜한 짜증을 냈다.

어제 밤부터 적기 공습으로 여러 차례 사이렌 소리가 시내상공에 울려 퍼졌다. 그러던 것이 아침이 되어서야 겨우 해제되었고, 다시 나타난 적기 앞에선 아예 침묵하고 말아 버렸으니, 도대체가 경계를 서는 건지 마는 건지.

얼굴이 후끈후끈 하다. 무더위 때문일까. 양 볼이 팽팽하게 당기는 느낌이 드는 걸 보니, 단지 더위 때문인 것 같지는 않다. 볼을 살짝 만져보자 격한 통증이 머리를 스치고 지나갔다.

"아, 아..."

고통스러운 신음소리가 나도 모르게 흘러나왔다.

'이렇게 속절없이 생을 마감하는 것인가?'

갑자기 분하다는 생각에 눈에서 눈물이 흘러내렸다. 도대체 내가 왜? 무엇 때문에, 누굴 위하여 이곳에서 이런 꼴을 당해야 하는지, 머릿속으로 온갖 의문과 회한이 몰려왔다.

한참동안을 넋 놓고 울었던 것 같다. 덕분에 기분은 한결 나아졌다.

그리고 잠시 동안 정신을 잃었다.

"사이모토! 사이모토!"

누군가 절실하게 나를 부르는 소리가 들리는 것 같다. 많은 고통스러운 외침 속에 섞여 간헐적으로 들려왔지만, 분명 나를 부르는 목소리였다.

"사이모토! 염아! 최염!"

목소리는 다급한 외침으로 바뀌더니, 내 본명을 부르기 시작했다.

'여기야, 나 여기 있어. 염이가 여기 있단 말이야!'

나는 외침이 있던 방향을 향해 소리를 질렀다. 아니, 소리를 지를 생각이었다. 그러나, 내 입에서는 그저 "으으..., 어어..." 하는 신음소리만이 새어 나왔다.

"염아! 염아, 어딨니?"

외침은 바로 내 근처 가까이까지 다가왔다.

"어...어!, 으···으··윽"

나도 가까스로 소리를 질러 보았다. 그러자 후다닥 누군가 내게로 달려오는 발소리가 들렸다.

"염아! 니가 염이야?"

나를 찾던 목소리의 주인공이 내가 허공을 향해 들었던 손을 부여잡으며 물었다.

"으.. 으..."

뭔가를 말해야겠다는 생각이었으나, 내 입으로 나오는 소리는 내 의지와는 달리 오직 신음소리 뿐이었다.

"으응, 억지로 말할 필요는 없어. 내가 묻는 말에 맞으며 고개를 끄떡이고, 아니면 옆으로 조금만 저으면 돼. 알았지?"

목소리의 주인공은 동수였다. 내가 고개를 살짝 끄덕였다.

"그래 잘 했어. 그렇게 하면 돼. 너 염이 맞지? 사이모토 미노루, 최염 맞지?"

“……”

“그래 그래, 잘 했어. 염이 맞구나.”

동수는 반갑게 나를 끌어안더니, 주위를 둘러본 후 나를 두 손으로 안고서 다른 장소로 옮겼다. 방금 전까지만 해도 건물이 있었던 곳 같은데, 지금은 콘크리트 토대만 덩그러니 남아 있었다.

“이곳이라면 누구의 방해도 받지 않아 조금은 나을 거야.”

토대 밑에 나를 누이며 동수가 말했다. 토대는 평평한 덕분에 도로보다는 다소 나았다.

나는 내 상태가 지금 어느 정도인지 궁금해졌다. 눈도 뜨기 어려울 정도로 얼굴이 부어오른 감각이 들었기 때문이다. 어렵사리 눈을 뜨고 동수를 쳐다보았다. 동수는 근처의 잔해들을 정리하며 공간을 확보하고 있었다.

“동..수..야, 내가... 어떻게 된..거야?”

가까스로 기운을 내어 물어 보았다. 동수는 자신의 귀를 내 입에 가까이 대고 나의 질문을 담아 들었다.

“어... 그게. 저 사실은 말야, 많이 안 좋아. 얼굴에 화상을 입어서 많이 부어 있고… 또, 파편에 맞아 몸에도 상처가 있는 것 같아. 하지만, 곧 괜찮을 거야. 일단 치료부터 받자. 내가 치료받을 곳을 알아볼게. 그러니까 너무 걱정하지 말고 나를 믿고 기다리고 있어. 알았지?”

동수는 내가 이해했는지 확인을 하고는 자리를 떠났다.

동수가 떠나고 난 다음에, 나는 상반신을 세워 자리에 앉았다. 그리고 내 몸을 내려보았다. 건물 소개작업을 하느라고 상의 작업복은 벗어두고 런닝차림을 하고 있었는데, 그 런닝이 보이질 않는다. 대신 검붉은 점박이가 내 시야에 들어왔다. 손을 움직여 만져 보았다. 점박이 무늬가 손끝에 만져졌다. 손가락을 움직여 보니 말랑말랑한 촉감마저 느껴졌다. 손을 눈앞으로 가져와 그것의 정체가 무엇인지 확인해 보았다. 그건 내 몸에서 흘러내린 피가 검붉게 응고된 것이었다.

"하아, 하아, 으..."

나는 거친 숨과 고통스러운 신음소리를 내며 다시 일으켰던 상반신을 바닥에 뉘었다.

'아, 그렇구나. 폭발과 동시에 불어온 폭풍爆風으로 나무조각이나 쇠조각 등 파편에 맞은 모양이구나. 그럼 아까 등에서 나던 땀도…?'

나는 머릿속으로 이것저것 상황을 정리해 보았다.

작업장 가까이에서 눈이 부실정도로 따가운 광선을 느꼈고, 그리고 그 다음은 어떻게 된 것인지 기억이 나지 않는다. 내가 그 순간 어디에서 무얼 하고 있었는지, 또 그곳이 어디이며 지금 이곳은 어디인지 조차도 통 모르겠다. 다만 지금 당장 기억나는 건, 건물 소개작업을 하고 있었고 태양과 같은 강렬한 섬광을 느낌과 동시에 폭풍과 함께 날아가 버렸다는 것이다.

갑자기 갈증이 나기 시작했다. 입안이 바싹바싹 마른다. 이 무더위 때문일까? 아니면 화재로 인한 열기 때문일까?

얼마나 지났을까. 폭탄으로 붙은 불이 점점 세력을 확대하는 듯하다.

불기운이 가까이 느껴진다. 이번에는 화재의 위협이 엄습해 왔다. 순간, 동수가 다시 나타났다.

"미안, 오래 기다렸지. 아무래도 시내 쪽은 아닌 것 같고, 불길도 점점 번져서 여기를 벗어나는 게 좋을 듯 해"

동수의 목소리는 약간 상기되어 있었다.

"물, 물 좀…"

"뭐? 물을 달라고? 알았어, 잠시만 기다려"

동수는 주위에서 반토막이 된 나무상자를 줍더니 우물에서 물을 담아 왔다.

"자, 이렇게 해 봐. 그래 그렇게 하고 가만히 있어."

동수는 내 상체를 반쯤 자기 무릎위에 걸치게 한 뒤 물을 내 입에 갖다 댔다. 벌어진 입 사이에 물을 흘려 넣었으나, 거의 반은 입으로 들어가지 않고 턱을 타고 흘러내렸다.

"안 되겠다. 내 나중에 또 떠서 줄테니까 우선 여길 피하자. 점점 불길 이 이쪽으로 오는 것 같아."

불길은 돌풍을 몰고 오다가 일순 합체하여 불기둥으로 변신하기도 하 였다. 상황이 영 심상치 않다. 동수는 한쪽 어깨를 내 겨드랑이 사이에 넣고 나를 부축하여 일으켰다. 아, 온 몸이 타박상을 입은 듯 무겁다. 다 리를 떼기도 버겁다.

"힘내, 아프더라도 조금씩 움직여!"

동수가 지탱하는 팔에 힘을 주며 격려했다.

그렇게 움직이며 불길 반대방향으로 약 한 시간을 이동하였다.

그러나 생각보다 그리 멀리 가지 못한 것 같다. 오히려 불길이 따라오는 속도가 더 빠른 것 같았다. 이 상황에서는 풍향이 바뀌지길 바라는 것 외에 달리 방도가 없다. 불길은 느껴지고, 뿌연 연기로 시야확보도 어려워지는 상황에서 동수의 초조한 몸부림이 느껴졌다.

"걸음을 멈추면 안돼. 자, 조금씩 조금씩 움직여봐! 그래 바로 그거야, 그렇지."

어린아이 걸음마 시키듯, 동수의 격려는 멈추지 않았다.

'이제 그만, 너무 힘들어 동수야. 미안해. 이제 그만…'

부어오른 두 눈 사이로 눈물이 흘렀다. 아니 눈물인지 뭔지도 잘 모르겠다. 언제부터인지 눈가가 촉촉하다.

내가 가쁜 숨을 색색거리자, 동수가 잠시 쉬었다 가자고 한다.

나는 그 자리에 풀썩 주저앉았다. 그리고 절망스러운 손짓으로 나를 놔두고 가라고 손짓을 했다.

"짜식 별 걱정은… 우린 함께 집으로 돌아가는 거야. 나 혼자서는 심심해서 안 되겠어. 고향 가는 길, 네가 말동무 좀 되어주라."

나는 그저 씩 웃었다.

폭격이라면 사실 난생 처음 경험하는 셈이 되는데, 이렇게 어마어마할 줄이야 정말 몰랐다. 도대체 무슨 폭탄이 떨어졌기에 단 한방에 이렇게도 무참하게 될 수 있단 말인가.

이런 저런 생각에 자리에서 일어나지 못하자 동수가 걱정스러운지 내 안색을 엿본다.

"좀,··· 도와줄래?"

내가 손을 뻗자 얼른 잡아당겨 주었다.

우리는 다시 한걸음 한걸음씩 걷기 시작했다. 주위를 돌아보니 기적적으로 살아난 사람들이 있었다.

그들은 하나같이 살갗이 녹아내려가 너덜너덜하게 붙어있는 흉한 모습을 하고 있었다. 옷가지는 이미 타거나 찢겨져서 거의 없고, 알몸이나 마찬가지였다. 그런 사람들이 하나 둘 사지死地에서 살아나와 무리를 지어 이동하였다. 모두 본능적으로 폭심지 정반대 방향을 향하고 있었다. 우리도 무리 속에 합류했다.

"동수야! 염아!"

생존한 사람들과 걷고 있자니, 사람들 사이를 헤치고 연철이가 반갑게 다가왔다.

"염이가 많이 부상을 당했어. 이쪽으로 와서 잡아봐."

동수의 지시에 따라 연철이가 반대편 어깨에 자기 어깨를 걸쳐서 나를 지지해 주었다.

"고..맙..다, 연철아..."

"어마어마한 폭탄이 터진 것 같아. 공장도 유리창이 깨지고 지붕이 날아가고 정신이 없어. 아무래도 시내 복판에 투하된 것 같기에, 동수와 함께 너를 찾으러 돌아다녔어."

원폭으로 폐허가 된 히로시마. 사진 중앙의 다리가 폭격예상 지점
인 아이오이바시(相生橋). 사진 중앙 최하단의 건물이 일명 '원폭돔'
으로 불리는 산업장려관.

"그랬구나…"

양쪽 어깨를 두 친구가 지지해 준 덕분에 훨씬 이동이 쉬워졌다.

"그런데, 응급처치라도 받는 것이 좋을 것 같은데… 이 더위에 부상부
위가 감염되어 덧나면 더 치료가 어려울 수도 있어."

"그러네. 하지만 진료소가 온존하게 있기나 하겠어? 자, 잠시 쉬면서
생각해 보자."

우리는 길가에서 잠시 쉬었다. 다행히 불길은 폭심지 주위에서 맴돌고
있었다. 그동안 건물 소개 작업으로 확보한 소방도로가 제 몫을 해 준 것
같기도 했다. 연철이가 손수건을 품에서 꺼내 내 얼굴을 향해 바람을 일

으켜 주었다. 시원했다.

"동수야, 미에 씨도 걱정이네. 시내 상황이 이 지경이니…"

"흠……"

"상황이라도 보고 오는 것이 좋을 것 같은데. 도움을 기다릴 수 있을지 모르잖아? 여긴 내가 있으니까 걱정 말고."

"알았어. 그럼, 부탁할게 연철아. 염아, 잠깐만 연철이와 있어."

내가 동수의 팔을 툭 치며 염려 말고 다녀오라고 손짓했다.

그러는 사이에도 연철이는 멈추지 않고 바람을 만들어 주었다.

"연철아, 힘들테니까… 그만해."

"야, 이까짓 것 아무것도 아냐. 내 걱정은 마."

바람을 만드는 손에 힘이 더 들어간 것 같았다. 바람이 더 시원해졌다.

"그리고… 염아, 내가 꼭 네게 하고 싶은 말이 있었어."

"응? 뭔데? 괜찮아, 말해봐…."

연철이는 바람을 일으키던 손을 멈추고 내 옆에 앉았다.

"오해하지 말고 들어. 사실은…."

연철이는 쉽게 말 할 수 없는 모양인지 잠시 뜸을 들였다.

"사실은… 우리 일본으로 오는 연락선 안에서 말이야, 네가 갖고 있던 보따리를 찾아다녔던 적이 있었잖아? 그 때 국자누나가 선물로 준 보따리 있잖아, 그거, 실은… 내가 갖고 있었어."

나는 고개를 들어 연철이쪽을 바라보았다.

"정말 미안해. 내가 그걸 어떻게 할 생각은 전혀 없었어. 정말이야. 실은 주인 없는 보따리가 바닥에 나뒹굴고 있기에, 정말 그냥 호기심으로 한번 풀어보았어. 그랬더니, 옷가지 사이로 미숫가루, 약과 같은 먹을거리가 보이는 거야. 그걸 보고 옆에 있던 녀석들이 '이거 뭐야, 먹을거리잖아!' 하며 제멋대로 손을 데기 시작했어. 다른 녀석들도 달려들더니… 정말 눈 깜짝할 사이였어. 내가 어떻게 할 틈도 없었어. 그래서 에라, 나도 모르겠다는 생각에 그냥 그 자리에 보따리를 내팽겨 쳤는데, 예쁘게 자수로 이름을 새겨 놓은 손수건이 보이더라구. 손에 들고 보니 너무 예쁘더라. 누군지 모르지만 어머니께서 정성 드려 준비한 것 같이 보이기도 하구. 순간 부러움에 우리 어머니가 주신 것으로 생각하려고 내 주머니에 넣어 버렸어.”

연철이는 설명이 끝나자, 손에 들고 있던 손수건을 내게 보였다.

“정말 미안해. 네게 얘기하려고 했지만, 타이밍을 놓쳤어. 연락선 안에서 네가 보따리의 주인이란 걸 알게 된 다음에는 정말 고백하기가 어려웠어. 하지만, 훔치려 했던 건 절대 아냐. 맹세해.”

나는 연철이가 내민 손수건을 만져 보았다. 자수로 ‘崔念’이라는 글자가 새겨져 있었다.

나는 최염이라는 글자를 손끝으로 확인하듯 만져본 후 도루 연철이에게 건넸다.

“이젠 네 거야. 네게 주는 거야. 그러니 미안해 할 것 없어. 그리고… 고마워, 얘기해 줘서.”

연철이는 손수건을 건네받자, 다시 일어서서 부채처럼 흔들며 바람을 일으키기 시작했다. 잠시 동안 둘은 말없이 그렇게 있었다.

미에의 안부를 확인하러 갔던 동수는 좀처럼 돌아오지 않았다. 어찌해야 좋을지 연철이가 안절부절 못해 했다.

"어떡하지? 이대로 마냥 기다리고 있어야 하나, 아니면 우리끼리라도 진료소를 찾아 떠나야 할까? 만약 이대로 떠난다면, 동수와 길이 엇갈리게 될 텐데…"

"지금... 몇 시쯤...?"

"글쎄, 한 정오는 훨씬 지났을 것 같은데…"

"조금만 더 기다려 보자. 동수도 서두르고 있을 거야. 길이 엇갈리면 그땐 서로 만나기 어려울 거야. 그러면 최악이지."

동수가 다시 나타난 건, 그로부터 한 시간 가량이 족히 지나고 난 뒤였다.

"오래 기다렸지?"

동수의 상의는 땀으로 흠뻑 젖어 있었다. 이마에도 땀방울이 쉴 새 없이 떨어지고 있었다.

"미에 씨는…?"

"어, 그게 말이야…"

내 질문에 동수가 대답 대신 뒤를 돌아보자, 미에가 잰걸음으로 다가오고 있었다.

"무사해서 정말 다행이에요. 사이모토 상은 치료를 받아야겠지만, 금방 나아질 거에요. 정말, 정말 다행이다."

　두 사람에게 사정을 물어보니, 미에는 친구의 요청으로 어제 휴일근무를 대신 서주고 오늘 비번이었다고 한다.

　"본선에 있던 전차는 폭탄으로 모두 녹아버렸기에 정말 놀랐어. 혹시나 하는 생각에 히로시마역까지 단숨에 달려갔어. 거기도 사정은 마찬가지야. 온전하게 남아난 게 없어. 그래서 자택까지 가 보았더니, 거긴 아무도 없는 거야."

　동수가 자기가 본 상황을 설명하자, 미에가 설명을 이어갔다.

　"아빠, 엄마는 모두 아침 일찍 식재료를 구하러 친척 농가로 떠나고 안 계세요. 아마 히로시마시내가 쑥밭이 된 걸 보고 저를 애타게 찾고 계실지 몰라요. 아무튼 저는 마침 쉬는 날이기에 학교에 갔어요, 시 외곽에 있는. 그리구선, 폭탄이 떨어진 뒤 모두가 걱정이 되어 시내로 돌아오던 길에, 정말 극적으로 동수씨를 만났어요."

　"맞아. 정말 극적이야. 거의 기적에 가깝지."

　미에의 말에 동수가 맞장구를 쳤다.

　"모두가 걱정이 된 게 아니라, 동수가 걱정이 된 거겠죠. 말하자면."

　연철이가 이의를 제기했다.

　"아니에요. 정말 모두 걱정이 되었어요. 물론, 쬐금 더 동수 씨 안부가 걱정되긴 했지만."

　그거 보라며 연철이가 탄식했다. 그 장단에 그만 우리는 웃음을 터뜨리고 말았다.

　"자, 너무 오래 지체했어. 빨리 진료소를 찾아 이동해야겠어."

226

동수가 일어서며 나를 다시 부축했다.

"근데 동수야, 아무래도 들것 같은 게 있으면 훨씬 이동이 편할 텐데. 아까 내가 이쪽으로 오다가 리야카손수레를 본 게 있는데, 그걸 이용하는 게 어떨까?"

"어떠긴 뭐가 어때? 빨리 말했어야지. 당연히 그걸 사용하는 게 낫지. 빨리 갖구 와."

연철이는 멋쩍은 듯 머리를 긁으며 뛰어 갔다. 그리고 몇 분 지나지 않아 빈 수레를 털컹거리며 끌고 왔다.

수레로 이동하면 한결 수월할 것 같았는데, 아니었다. 이미 도로를 점령한 나무파편과 돌, 건물잔해들로 인해 수레를 끌기가 쉽지 않았다. 더욱이 사람이 타고 있는데다, 부상자이다보니 조심해야 했다. 승차감이 좋을 리 없는 수레 위에서 나는 장해물을 넘을 때마다 온몸으로 전해지는 통증을 참아야 했다.

얼마나 갔을까? 수레를 앞에서 끌던 연철이가 정면에 줄지어 선 무리를 발견하고, 뭔지 보고 오겠다며 앞자리를 동수에게 맡겼다.

"동수야, 빨리! 이쪽이야, 이쪽!"

먼저 상황을 보러 가겠다던 연철이가 손짓을 하며 우리 일행을 불렀다.

연철이가 우리를 부른 곳에는 학교 같은 건물이 서 있었다. 그런데 가까이 가보니, 출입구 기둥에 '임시진료소'라는 종이가 붙어 있었다. 건물 입구 주위에는 이미 치료를 받은 사람과 순번을 기다리는 사람들로 북적였다.

우리도 순번을 기다리는 사람들 사이에 줄을 섰다. 한참을 기다리고 난 뒤에 비로소 우리도 진료소 안으로 발길을 옮길 수 있었다.

"근데 이 많은 환자를 치료할 약이 있긴 한 걸까?"

연철이의 지적에 동수가 난처한 표정을 지었다.

"괜한 소리 하지마. 진료소라고 간판이 붙어 있잖아. 비축해 두었던 비상약을 사용하고 있겠지."

동수가 쓸데없는 걱정이라며 일축했지만, 나는 동수가 작은 목소리로 연철이에게 괜한 말로 환자를 걱정시키는 게 아니라며 나무라는 소리를 듣고 말았다. 그렇다. 이렇게 시내 전체가 쑥밭이 된 상황에서 비상약이 제대로 남아 있기는 하겠나.

그런 대화를 주고받으며 현관입구에 발을 들여놓던 순간이었다.

"이건 뭐야? 조센징 아냐? 이것들이 여기가 어딘지 알고 들어와? 니들에게 나눠 줄 약 따위가 있을 것 같아? 엉? 빨리 나가! 퉷, 퉷!"

진료소 입구에서 환자들 순번을 정하고 있던 경비병이, 우리들끼리 하던 조선말을 들었던 모양이다. 내 양쪽 어깨를 부축하며 들어서려는 우리 셋을 경비병이 가로 막았다.

예기치 못한 제지에 우리는 순간 당황했다.

'조센징에게 나눠줄 약이 없다고? 조센징, 조센징, 조센징은 사람이 아닌가? 다쳤으면 당연히 치료를 해 주는 게 인지상정 아닌가? 이런 상황은 도대체 뭐지?'

기막히다는 생각과 분한 마음이 복잡하게 소용돌이 쳤다. 주춤하고 있는 사이, 경비병이 내 왼편에 있던 동수의 어깨를 뒤로 밀쳐댔다. 그 때였다.

"뭐라구요? 그게 환자에게 할 소리예요? 대일본제국이 영미귀축과 싸워 이기기 위해서는 제국 신민들이 일심동체가 되어 총후를 굳건히 지켜야 한다고 떠들 때는 언제고, 그래서 이역만리 조선반도에서 이곳 히로시마까지 '응징사'로 헌신하기 위해 오신 분을, 그래 뭐라구요? 나눠 줄 약이 없다구요? 그게 사람이 할 소리예요? 당신, 일본인 맞아요? 천황폐하의 신민이 맞냐구요?"

미에가 격앙된 목소리로 경비병에 대고 소리쳤다. 그 목소리는 분노와 증오로 넘쳐 있었다.

"아니, 뭐 그런 뜻은 아니구요. 저, 실은 보시다시피 환자는 넘칠 정도로 많은데, 진료실에는 군의관님 한 분 뿐이고, 실제로 쓸 만한 약도 없습니다."

"그렇다고 이렇게 다친 사람을 치료도 하지 않고 내버려 두자고요?"

"아니, 그런 건 아니구요. 일단 이쪽에 누이고서 응급처치를 한 다음에 제대로 된 병원으로 가는 것이…."

경비병은 들릴 듯 말 듯한 목소리로 중얼거리며 현관 안쪽 구석진 자리를 비워 주었다. 실내는 많은 인파로 가득했다. 환자들의 고통스러운 외침소리, 누군가를 찾는 목소리, 분주하게 오가는 의료진 등 아비규환이 따로 없었다.

나는 실내의 피비린내와 찜통 속 같은 더위를 더 이상 참을 수 없어서,

동수에게 나가자는 신호를 보냈다.

"안돼요. 간단하게라도 응급처치를 받아야 해요. 그러구선 다른 진료소로 갑시다."

동수 대신 미에가 대답하고는 진료소 안쪽으로 사라졌다.

"그래, 미에 씨 말이 맞아. 일단 다른 곳으로 옮겨 줄 테니까 걱정마라. 여기서는 응급처치만 받자. 연철아 너는 밖에 세워둔 리어카 좀 지켜 줘. 이 난리 통에 누가 가져갈 지도 모르잖아?"

"알았어" 하며 연철이가 밖으로 나가자, 미에가 하얀 가운을 입은 군의관과 함께 나타났다. 검은 테 안경의 군의관 얼굴에선 연신 땀방울이 흘려 내렸고, 하얀 가운은 검붉은 피로 더렵혀져 있었다.

"화상이 심하군요. 전신에 파편도 빼야 하고⋯."

군의관은 내 턱을 살짝 잡고 얼굴을 좌우로 살펴보며 말했다.

"히로시마 시내는 이번 신형폭탄으로 전멸이 됐어요. 이곳에서는 치료를 받기 어려울테니 화상부위만 응급처치 하고 다른 지역으로 옮기는 게 좋겠어요."

군의관은 미에에게 그렇게 말한 후, 손을 들어 간호부에게 손짓을 하고 사라졌다.

이윽고 한 손에 통을 들고 간호부가 다가오더니,

"힘들더라도 조금만 참으세요. 환부에 약을 발라 드릴테니, 조금은 나아질 거예요."

하며, 엔진오일 같은 것을 얼굴과 목, 어깨, 팔 등에 덕지덕지 발라준다. 미에는 어디선가 얇은 헝겊을 가져와 오일이 닦이지 않도록 감싸 주었다. 미이라처럼 정성스럽게.

동수와 미에의 부축을 받으며 진료소 밖으로 나오자, 연철이가 손수레를 갖다 댔다. 손수레를 빼앗으려는 사람들과 옥신각신하며 간신히 지키고 있던 것 같았다.

"빨리 이곳을 떠나는 것이 좋을 것 같아. 부상이 심한 사람들이 많다보니 다들 제정신이 아닌 것 같아."

다급한 연철이의 목소리로 대충 분위기를 알 것 같다.

그런데 어디로 가야 하는지 목적지를 정하지 않았다. 정했다고 한들, 모든 것이 파괴된 히로시마는 동서남북을 분간하기가 어려웠다.

"아, 히지야마比治山가 저기니까 히로시마 조선소는 저쪽이 되겠군. 기숙사는 괜찮을지 모르니까 그쪽으로 가보자."

내가 힘들어 할까봐 손수레는 천천히 조심스럽게 움직였다. 그보다도 길가에는 쓰러진 건물의 나무파편이나 전봇대, 시체들과 온갖 잔해들로 인해 지나기가 쉽지 않았다. 시내 복판은 여전히 불길이 오르고 있어서 접근자체가 불가능하였다.

"가만, 이쪽으로 돌아가야 할 것 같은데, 아무래도 길은 멀어지지만 비교적 피해가 적은 해안쪽으로 가는 것이 안전할 것 같아."

"하지만 그쪽으로 가면 다리가 없어서 조선소로 넘어갈 수가 없잖아."

"그래도 우선 안전한 곳으로 가서 상황을 본 다음에 가는 것이 옳겠어. 봐, 다리쪽으로는 모두 불덩인데다가 길이 확보가 되질 않잖아."

　동수의 말대로 시내 중심에서 조선소가 있는 외곽으로 가려면 저 불덩이와 통로확보가 우선 해결되어야 한다. 그러나 지금 상황에서는 아무리 생각해도 불가능하고, 여타 지역에서 구조의 손길이 닿는다 하더라도 족히 몇 개월은 걸려야 할 것 같다는 생각이 들었다. 본토결전이니 어쩌니 하며 최후의 발악을 하는 상황에서 젊은 사내들은 모두 전장으로 끌려갔는데, 이 지옥과 같은 도시를 구조할 일손이나 있을까 하고 생각하니 몇 개월은커녕 몇 년이 될지도 모르겠다는 생각이 들었다.

　해안을 향해 이동하다가 한 할머니가 달려왔다. 폭발 시 폭풍으로 반쯤 쓰러진 건물 사이로 어린 아이가 깔렸다며 도와달라는 것이다.

"잠시만 여기서 기다려."

　연철이와 동수가 나와 미에를 남겨 두고 할머니와 함께 뿌연 연기 속으로 사라졌다. 다시 두 사람이 나타났을 때는 동수의 팔에 어린 아이가 안겨 있었다. 다행히도 나무파편에 머리와 팔다리 등에 생채기가 났을 뿐 생명에는 지장이 없었다. 할머니와 손자가 손수레에 합류했다.

　문득 정신이 들고 보니, 시내를 벗어나려는 사람이 우리들만이 아니었다. 가는 곳마다 해안으로 향하는 많은 사람들과 만났다. 그중에는 골절이나 자상刺傷으로 부상이 심한 사람도 눈에 띄었다. 손수레를 태워주고 싶은 마음은 굴뚝같았으나, 이미 정원초과에다 그런 사람들이 넘치고도 남을 정도여서 사실 큰 의미가 없었다.

　가는 도중 연기 사이로 중간 중간 피해 상황이 눈에 들어왔다. 길가에 곤두박질 쳐진 마차와 그 앞에 배가 풍선처럼 부풀어 오른 채 불에 탄말. 벽면에 사람의 형체만 남겨놓은 검은 그을림. 동네 우물가에 쓰러진 시체들. 아마 뜨거운 불길을 피해 온 사람들 같았다. 생지옥이 있다면 아마 이런 것이 아닐까 싶다.

“안 되겠어. 이럴 것이 아니라 내가 먼저 상황을 둘러보고 오는 게 낫겠어. 일단 저 나무밑으로 가자.”

동수가 길가에 있는 은행나무를 가리켜며 말했다.

“저도 그게 좋다고 생각해요. 부상을 입은 사이모토 상을 데리고 무작정 움직이는 것은 무모할지 몰라요. 동수씨가 먼저 가서 충분히 이동할 수 있는지 살펴보고 오세요. 가능하다면 당장 먹을 것과 붕대 등도 가져오면 좋겠구요.”

“알았어요. 갔다 올게요.”

동수는 우리 일행을 남겨두고 화염에 휩싸인 시내쪽으로 되돌아갔다.

우리는 나무그늘 아래에 자리를 잡았다. 고개를 돌려 히로시마 시내를 손가락처럼 갈라져 흐르는 오타가와 쪽을 바라봤다. 강위로는 산산조각이 난 건축물의 잔해로 가득했고, 그 사이사이로 시체들이 둥둥 떠내려왔다. 처음에는 폭탄으로 사망한 시체 중 일부일 것으로 생각하며 무심코 바라보고 있었는데, 시간이 지날 수로 시체의 수가 기하급수적으로 늘어갔다. 도대체 무슨 폭탄이었기에, 이렇게 많은 사람들이⋯ 나는 그 광경에 그만 얼굴을 돌리고 말았다. 갑자기 공포감이 몰려왔다.

실처럼 가늘게 뜬 두 눈 사이에 알 수 없는 진물이 계속 흘러나온다. 이

젠 귓속에서도 퉁퉁 부어오른 얼굴 상처에서도 진물이 흘러내리기 시작
했다. 미에가 흘러내리는 진물을 훔치며 말했다.

"우리가 지금까지 상상하지도 못했던 엄청난 폭탄이 떨어진 것 같아
요. 이런 무모한 전쟁을 계속 고집하며 사이모토 상 같은 분들에게 못할
짓을 하더니, 하늘에서 천벌이 내린 모양입니다. 하지만, 사이모토 상 잘
못이 아니니까 염려마세요. 곧 좋아질 거에요."

미에의 말에 주위에 있던 사람들도 숙연해 졌다.

땅거미가 길게 늘어질 무렵이 되어서야 동수가 돌아왔다. 동수의 등에
는 보따리 하나가 매달려 있었다.

"예상 이상으로 피해가 심각해. 현재로서는 이동이 수월치 않고, 일단
좀 더 상황을 지켜봐야 할 것 같아."

동수는 자신이 둘러본 히로시마의 모습을 설명하면서도 심각성에 고
개를 설레설레 흔들었다.

"아무래도 우리 기숙사 상황을 봐야 할 것 같아서 갔다 왔어. 기숙사도
무너지거나 파괴되어 엉망이 되었어. 부상자나 사망자가 어느 정도 나
왔는지 모르겠어. 급하게 손에 닿는 대로 먹을 것만 좀 가져왔어"

동수는 보따리의 매듭을 풀어헤쳤다. 나무로 만든 밥통 하나와 저린 배
추, 고구마 등이 나왔다. 수건도 십여 장 들어 있었다.

"붕대 대용으로 써야 할 것 같아 수건도 갖고 왔어."

"근데, 아까보다 화상 입은 상처가 더 부은 것 같아. 진물도 많이 나오
고. 아무래도 의사선생님한테 보여야 할 것 같은데…"

연철이가 걱정스럽게 한 마디 했다.

잠시 틈을 두고 동수가 "내가 진료 받을 수 있는 곳이 남아 있는지 다시 한번 찾아볼게."하며 자리에서 일어섰다.

"이제 그만…"

"뭐?"

"이제 그만. 충분히, 충분히 고생 했어. 난 괜찮아…"

"무슨 소리야! 그럴 순 없어. 너는 걱정하지 말고 그저 잠자코 있기만 하면 돼."

일어서려는 동수의 손목을 잡았다.

"동수야…"

나는 더 이상 말할 기력도 없어 그냥 동수를 바라보았다.

"알았어. 그럼, 진짜 이번을 마지막으로… 잠시 치료받을 곳이 있는지 알아보고 올게."

말이 끝나기가 무섭게 동수는 자리를 떠나버렸다. 우물쭈물 하다가는 내가 다시 잡을 것으로 생각했던 것 같다.

대신 내 옆자리를 미에가 지켜 주었다.

"힘들더라도 조그만 버텨 줘요, 제발 부탁이에요."

미에가 떨리는 목소리로 내 머리를 어루만지며 간청하였다.

"물… 물… 좀."

희미하게 들리는 내 목소리를 듣고 미에가 연철이를 쳐다봤다.

"목이 마른가 봐요."

"아, 알았어요. 내가 물을 좀 찾아보지요."

"근데... 물을 주면 안 된다고 하던데. 오히려 더 위험하다고⋯ 어쩌면 좋지요?"

미에의 말에 연철이가 난감해 했다. 물을 갖다 주어야 하는지 말아야 하는지.

"괜찮아, 난. 제발 물..., 물 좀 줘"

"염아, 너도 들었지? 목이 마르더라도 참아야 한 대. 아마 속에서 열불이 나서 그런 걸 거야. 오늘이 지나고 나면 좀 나아질 테니까. 우리 그 때까지 좀 참자."

그 때, 동수가 다시 나타났다.

"이 근처에는 역시 아무것도 없어. 의원이 하나 있는데 구조하러 떠났는지 비어 있었어. 미안해 염아, 내일 날이 밝아지면 내가 다시 찾아볼게."

동수의 이야기를 듣던 미에와 연철이는 난감한 표정으로 서로 얼굴을 바라봤다.

"물... 물..."

나는 간절히 물을 원하고 있었다. 정말로 타는 듯한 갈증을 더 이상 참아낼 수가 없었다.

"그래, 알았어. 내가 물을 갖다 줄게. 참느라고 고생 많았지?"

동수는 미에와 연철이를 한번 쳐다보더니 내 손을 꼭 잡고 그렇게 말해주었다. 동수의 따뜻한 말 한마디가 너무나 고마웠다.

감았던 두 눈을 살며시 다시 뜨자, 따사로운 햇살이 한꺼번에 쏟아져 들어왔다.

나는 눈이 부셔서 순간 아무것도 볼 수가 없었다. 이윽고 햇살에 적응이 되자 전면에 펼쳐진 풍경들이 하나하나 시야에 들어오기 시작했다.

잘 다듬어진 황토길, 양 길가로 누렇게 익은 벼들이 바람에 춤을 추듯 살랑거리고, 그 위를 참새 두어 마리가 재잘거리며 가로지른다. 길은 저 멀리 자그마하게 보이는 마을을 향해 곧게 뻗었고, 그 뒤로 울긋불긋 단풍이 다채로운 아담한 동산이 둘러싸고 있다. 집집마다 굴뚝위로 가는 연기가 실타래를 풀듯 피어오르는 걸 보니, 저녁준비라도 하고 있는 것일까.

앞쪽에서 갑자기 돌풍이 흙먼지를 날리며 다가오다가 순식간에 나를 감싼 후 사라져 버린다. 순간 모자가 날아갈 것 같아 재빨리 고개를 숙이고 한손으로 눌러썼다. 외할머니께서 학교 보내주실 때 사준 모자인데, 하마터면 날려버릴 뻔 했다.

그런데 이 길은 어딘가 낯이 익다. 히로시마는 아닌 것 같다. 내가 일본에 당도하여 제일 먼저 신기하게 생각했던 건, 땅이 모두 흑색에 가까웠다는 것. 내 고향 당진의 황토빛 흙과는 딴판이었다.

그렇다. 일본이 아니다.

맞다. 개똥이 아저씨 소달구지를 타고 외할머니와 함께 떠나올 때의 바로 그 길이다.

나는 벅찬 가슴에, 나도 모르게 걸음을 재촉하기 시작했다. 걸음은 이내 달리기로 바뀌었다.

우리 집이 눈앞에 다가왔다. 싸리문과 커다란 대추나무, 나지막한 초가지붕, 너무나도 정겨워 눈물이 날 지경이다.

마당으로 들어서자, 그리웠던 내 고향집이 눈앞에 가득 찼다. 그런데 오랫동안 비운 집 치고는 너무 깨끗하다. 마당 한구석에 만들어 놓은 채소밭에는 고추가 빨갛게 영글고 있고, 파, 무 등 채소도 싱싱하다. 마당도 누가 쓸었는지, 빗자루 자국이 물결치듯 그려져 있다.

'하~' 얼마나 그리웠던가. 내 입에서는 절로 탄성이 흘러 나왔다. 근 10여 년의 세월이 지난 것 같다. 나는 내 어릴 적 흔적을 찾아보려고 천천히 음미하듯 집안을 둘러보았다. 초가지붕, 툇마루, 장지문, 디딤돌, 부엌...

그때 갑자기 안방 문이 벌컥 열리더니 누군가가 걸어 나왔다.

'아..버..지?'

그건 틀림없는 아버지였다.

'아, 아버지가 어떻게...?'

'오, 염이로구나! 우리 염이가 왔구나!'

아버지는 신발도 신지 않은 채 단걸음에 뛰어나와 나를 와락 끌어안았다.

'아니 아버지, 이게 어찌된 영문인지…?'

'어찌되긴 뭐가 어찌돼? 무슨 소릴 하는지. 자, 자, 이야기는 천천히 하

기로 하고, 여보, 여보, 염이가, 우리 염이가 왔구만!'

아버지는 부엌을 향해 상기된 목소리로 소리를 질렀다.

'뭐라구요? 우리 염이가 왔다구요?'

단정하게 쪽진 머리를 하고 분홍빛 치마저고리를 입은 어머니가, 황급히 행주에 손을 닦으며 부엌에서 나왔다.

'아이고, 이게 웬일이냐? 우리 염이가 맞냐? 이게 꿈인지 생신지…'

어머니는 내 양 팔을 부여잡고 아이고, 아이고 하며 기뻐하신다. 나는 순간 뭐가 뭔지 어리둥절했지만, 자세한 건 나중에 듣기로 하고 아무튼 재회의 기쁨을 함께 나눴다. 그동안 내가 경험했던 온갖 우여곡절이 한밤의 꿈처럼 느껴졌다.

'어머니 무고하셨던 거예요? 저야말로 꿈인지 생신지 잘 모르겠어요….'

나는 숨을 고르며 대답하였다.

'아이고, 얘가… 뛰어 왔구나? 이 땀 좀 봐'

어머니는 한 손으로 내 이마에 흐르는 땀을 쓰윽 닦아 주시더니, 부엌으로 되돌아가 표주박에 물을 한가득 떠 갖고 나오셨다.

'자, 목이라도 축이렴.'

표주박 속에는 또 하나의 태양이 반짝이고 있었다.

'아, 시원하다. 어머니, 어머니가 떠 주신 물이라서 그런지 이 세상에서 가장 맛있는 것 같아요'

내가 너스레를 떨자, 어머니는 행복하게 미소를 지었다.

'엄마, 누구야?'

방에서 네 살 정도의 사내아이가 살랑살랑 걸어 나오며 물었다. 어? 엄마라니? 꼬마야 말로 누구지?

자세히 보니, 사내아이 손에 무언가 쥐어져 있었다. 나무 팽이. 꼬마는 나무 팽이를 소중하게 쥐고 있었다. 아버지께서 만들어 주신 바로 그 팽이다. 아이는 내가 팽이를 뚫어지게 쳐다보자 위협이라도 느꼈는지 손을 뒤로 하며 팽이를 감추었다.

갑자기 눈앞이 어지러웠다. 현기증이 나고 두 다리에 맥이 빠져, 나는 그 자리에 주저앉았다.

그러자 다급하게 나를 부르는 소리가 들렸다.

"염아, 염아 정신 차려. 염아 눈 좀 떠봐!"

"사이모토 상, 정신 차려요. 내 목소리가 안 들려요?"

"안돼! 조금만 더 힘을 내. 조금만... 제발..."

동수, 연철이, 미에의, 나를 부르는 목소리가 아련하게 귓가에 울려 퍼졌다.

잘 알려진 바와 같이, 1945년 8월 6일 히로시마시, 8월 9일 나가사키 시에 인류를 향한 최초의 원자폭탄이 투하되었다. 사상자 수는 수십 만 명. 그 속에는 어린 아이와 할아버지, 할머니, 심지어는 새생명을 잉태한 임산부도 있었다. 전쟁수행에 동원된 나이 어린 남녀학생들도 있었다. 원자폭탄은 이들 머리 위에서 작렬하여 무차별적인 살상을 자행했던 것이다.

그로부터 70년의 세월을 목전에 바라보고 있다. 10년이면 강산도 변한다 하니 이미 7차례의 변화를 거듭할 정도의 세월이다. 벌써 원폭은 사람들의 기억에서도 희미해지고 있다. 옛날, 아주 오랜 옛날의 일로.

그러나, 원폭 문제는 과거의 문제가 아니다. 현재 진행형의 문제이다. 원폭에 의해 피폭된 피해자들의 질곡의 역사는 여전히 현재를 살고 있다.

강제동원에 의해 피폭 당한 사람들의 경우, 지난 기간 일본정부와 가해기업 미쓰비시중공업을 상대로 원호법적용과 피해배상청구소송을 진행해 왔다. 혈기 왕성한 20대 초반의 청년은 80대 고령의 할아버지가 되어, 생각대로 움직여 주지도 않는 육신을 이끌고 현해탄을 건넜다. 나라를 빼앗기는 바람에 징용을 당하였고, 원폭 피폭의 불운까지 겪었는데, 나라를 되찾은 지금도 몸소 나서서 권리를 찾아야 하는 '수모'를 당해야 하니, 기구한 운명이다.

"자존심이 상해 죽겠어요. 아주 자존심이 상해서… 우린 뭐 거지처럼 일본정부에 구걸하는 거 같아요. 그들은 부모가 내놓은 자식이 부자집에 와 몇 푼 달라고 보채는 거지 보듯 쳐다보고요. 원통해서 못 살겠어요. 분해서 못 살겠어요."

원폭 피해자들은 우리 정부의 소홀함에 한탄하면서, 일본정부의 뻔뻔스러움에는 북받치는 울분과 치욕감에 몸서리를 친다.

가해자가 활보하는 세상. 정상적인 사회라면 절대 있을 수 없는 일이다. 아니, 있어서는 안 되는 일이다.

국제사회도 마찬가지이다. 그런데, 국제사회에서 아직도 가해국가가 버젓이 활보하고 있다니 참으로 심각한 문제이다. 더욱 심각한 것은, 국제사회가 일본을 가해국가로 인식하고 있지 못한다는 점이다. 그 중심에 원자폭탄이 있다.

일본은 원자폭탄의 반인륜적인 무차별살상의 첫 희생자임을 강조하며 전쟁피해를 전세계에 호소하였다. 이런 무자비한 살상무기에 더 이상 희생자가 나오지 않도록 전쟁을 막아야 하며 평화를 지향해야 한다고 역설한다. 그리하여 반전평화는 히로시마·나가사키의 상징이 되었다. 반전평화야 말로 인류공영을 위해 지향해야 할 보편적 가치이다. 그러나 누가 말하느냐에 따라 그 의미는 크게 달라진다. 전쟁가해자가 반전평화를 외친다는 건 어불성설, 모순이다. 전쟁피해자가 외칠 때 비로소 설득력을 갖고 진실성이 담보된다.

그런데 일본은 원자폭탄을 등에 업고 전쟁가해자에서 전쟁피해자로

둔갑하여 반전평화를 호소하였다. 그 바람에 일본의 전쟁가해사실은 국제사회에서 희석되어 갔다. 파란 눈에 코 큰 아저씨가 고개를 끄덕이며 동감을 표시하니, 망언을 일삼는 일본우익의 기세가 등등하다.

국제사회가 원폭의 전쟁피해를 애통해 주는 판에, 가해책임을 인정하고 피해자에게 사죄하라? 그들에겐 당치도 않은 말이 되어 버렸다.

강제동원 할아버지들의 아픔은 거기에 있다. 여전히 가해사실을 인정하지도 사죄하지도 않는 일본정부와 기업, 그들은 도리어 피해자들의 아픔을 흰눈으로 쳐다본다. 피해자가 가해사실을 인정하라고 호소하는데, 그게 이상하다고 한다. 당신네 나라에, 당신네 정부에 줄 것 다 주었으니 그리 가보라는 말도 서슴지 않는다.

여기까지 오면, 무너진 억장에 염장까지 지른 셈이다.

하지만, 이것이 현실이다. 이 기막힌 현실에 어르신들이 거리로 나섰다. 수요일마다 일본대사관 앞이 시끌벅적. 국회의사당과 정부청사, 청와대 앞을 마실가듯 다녀가신다. 그러나 귀를 기울여 주는 높은 분이나, 걸음을 멈추는 시민들은 그리 많지 않다. 알고 보면, 우리 현실이 더욱 냉혹하다. 가해자의 냉소에 우리 국민들의 무관심이 합세하는 형국이다.

그래서는 안 된다. 관심이 필요하다. 들어줄 귀가 필요하다. 그리하여 필자는 '일제강제동원&평화연구회'의 제안을 받자, 취지에 동감하고 주제넘게 이야기책 꾸미기에 뛰어 들었다. 서툴기도 하고 어설프기도 하지만, 실제 있었던 이야기들이다. 이 책이 계기가 되어 강제동원이야기

에 귀를 기울이고 할아버지, 할머니의 거친 손을 잡아주는 사람이 늘어
난다면 더할 나위 없겠다.

　할아버지들은 가슴 속에 묻어 둔 히로시마의 체험을 기꺼이 말씀해 주
셨다. 이 책은 그 분들이 있어서 가능했다. 이미 고인이 된 분들과 아울
러, 얼마 남지 않은 미쓰비시 히로시마 조선소 징용공 할아버지들께 이
책을 바친다.

사진 출전

8쪽 사진 : 일제강점하강제동원피해진상규명위원회, 『내몸에 새겨진 8월-히로시마, 나가사키 강제동원 피해자의 원폭체험-』 2008년, 88쪽, 박상재 소장 사진

54쪽 사진 : 일제강점하강제동원피해진상규명위원회, 『내몸에 새겨진 8월-히로시마, 나가사키 강제동원 피해자의 원폭체험-』 2008년, 184쪽, 박상재 소장 사진

68쪽 사진 : 일제강점하강제동원피해진상규명위원회, 『끌려간 삶·조각난 기억 함께 하는 진상규명』 2007년, 13쪽

104쪽 사진 : 대일항쟁기 강제동원 피해조사 및 국외강제동원희생자 등 지원위원회, 『조각난 그날의 기억』 2012년, 88쪽

127쪽 사진 : 허광무, 「전시기 조선인 노무자 강제동원과 원폭피해-히로시마·나가사키의 지역적 특성을 중심으로-」, 『한일민족문제연구』 제20호, 2011년, 20쪽

134쪽 사진 : 일제강점하강제동원피해진상규명위원회, 『내몸에 새겨진 8월-히로시마, 나가사키 강제동원 피해자의 원폭체험-』 2008년, 157쪽, 유장석 소장 사진